# 华夏基石
# 管理评论

源于本土实践的管理思想原创基地

华夏基石管理咨询集团　主编

第六十二辑

官方微信

中国财富出版社有限公司

**图书在版编目（CIP）数据**

华夏基石管理评论．第六十二辑／华夏基石管理咨询集团主编．— 北京：中国财富出版社有限公司，2022.7

ISBN 978-7-5047-7733-1

Ⅰ．①华… Ⅱ．①华… Ⅲ．①企业管理 Ⅳ．① F272

中国版本图书馆 CIP 数据核字 (2022) 第 111913 号

| 策划编辑 | 李 晗 | 责任编辑 | 邢有涛 李 晗 贾紫轩 | 版权编辑 | 李 洋 |
| 责任印制 | 梁 凡 | 责任校对 | 杨小静 | 责任发行 | 黄旭亮 |

| 出版发行 | 中国财富出版社有限公司 | | |
| 社　　址 | 北京市丰台区南四环西路 188 号 5 区 20 楼 | 邮政编码 | 100070 |
| 电　　话 | 010-52227588 转 2098（发行部） | 010-52227588 转 321（总编室） |
| | 010-52227566（24 小时读者服务） | 010-52227588 转 305（质检部） |
| 网　　址 | http://www.cfpress.com.cn | 排　版 | 《华夏基石管理评论》编辑部 |
| 经　　销 | 新华书店 | 印　刷 | 北京柏力行彩印有限公司 |
| 书　　号 | ISBN 978-7-5047-7733-1/F·3447 | | |
| 开　　本 | 889mm×1194mm　1/16 | 版　次 | 2022 年 7 月第 1 版 |
| 印　　张 | 11 | 印　次 | 2022 年 7 月第 1 次印刷 |
| 字　　数 | 147 千字 | 定　价 | 88.00 元 |

**CHINA STONE 管理评论**

—— 从方法论到行动力 ——  总第六十二辑

---

**总编辑**　　　　　**学术顾问团队**（按姓氏笔画排序）

彭剑锋　　　　　文跃然　包　政　孙健敏　杨　杜　杨伟国

　　　　　　　　吴春波　张　维　施　炜　黄卫伟

---

**执行总编**　尚艳玲　　　　**版式设计**　罗　丹

---

**专家作者团队**（按姓氏笔画排序）

王祥伍　王智敏　邢　雷　全怀周　孙　波　孙建恒　李志华

杨德民　何　屹　宋杼宸　张小峰　张文锋　张百舸　陈　明

苗兆光　罗　辑　朋　震　单　敏　荆小娟　饶　征　夏惊鸣

高正贤　郭　伟　郭　星　黄健江　彭剑锋　程绍珊

---

**主办**

北京华夏基石企业管理咨询有限公司

China Stone Management Consulting Ltd.

网　　址：www.chnstone.com.cn

地　　址：中国北京市海淀区海淀大街8号中钢国际广场六层（100080）

---

咨询与合作：010-62557029　　010-82659965转817

内容交流、转载及合作联系主编：13611264887（微信同）

---

## 专题

2022年上半年，受国内外多重因素交叉影响，不少企业生存维艰，纷纷开始进行业务整顿和组织优化，伴随的是降薪、裁员……

时代的尘埃落在每个企业、每个人身上都是一座难以承受的大山，一股焦虑的情绪正在弥漫。对此，苗兆光老师指出，"严冬"的确来临，保守经营应该成为未来三年的经营策略主题。陈明老师认为，面对当前局势，需要用行动化解焦虑，企业需要归核化战略。孙波老师认为，企业要"过冬"，必要的优化动作还是要做的，施炜老师则建议企业家应着眼于长期，策略上要攻守兼备，也不能一味地收缩。彭剑锋教授的观点是：短期焦虑难以避免，长期仍可保持乐观，并且给企业家提出了既有高度又接地气的三条建议。（P2）

## 洞见

"我个人认为比疫情更可怕的是，企业面对疫情有了"躺平"的心态，不愿作为，把所有的不努力、不用功、不成功都归结于疫情，而不能去苦练内功、做好自己"。彭剑锋教授说。那么，企业如何去练内功？练内功包括哪些要素？（P30）

战略洞察是在对企业面临的内外部环境分析后，得出的影响企业发展战略的深层次的前瞻性假设，它不是基于表象而得出的观点，而是基于对行业深层次发展所得出的结论，能够让公司战略的设计和规划更加准确，更具有可执行性。企业如何做好战略洞察？（P38）

在数字时代，如何用数字技术破解企业成长的"中等规模陷阱"？（P47）

## 聚焦

今年是《国企改革三年行动方案（2020—2022年）》的攻坚之年、收官之年。华夏基石的六位专家从"矛盾与问题研判"和"方法与出路探寻"两部分进行了专题研究，我们认为当前国企发展改革最突出的矛盾还是在人上，国企亟待企业家人才，发挥企业家精神。《从"新"出发，思考国企干部管理课题》及《航天系统为何能"良帅如云"》两篇文章更是结合实践案例给出了操作建议。（P54）

## 阅读

"政在得人""形成于思""功在得法""自胜者强""利他者久"。正大机电企业董事长邵来民分享了从多年管理实践与学习中提炼出来的"心法"。（P154）

本辑我们推荐了科普读物《失敬，植物先生》，以及华为首席管理科学家黄卫伟教授的最新著作《管理政策：矛盾、辩证法与实践》。（P158）

## 方法

如何分钱，既是科学，也是一门艺术。从"出租车模式"、褚橙分钱原则，以及源于华为的获取分享制这三种实践中，我们或许能得到些启示。（P110）

营销模式升级本质上是一场业务的变革，核心是要在业务端找到有效的成功战法，找到适合自身行业，自身企业的有效的组织式营销模式，完成组织式营销模式变革需要正确的起点，也需要有效的方法。（P123）

作为国企管理的中枢大脑，新时期国企总部的建设令人关注。从"机关型总部""经营型总部"向"价值型总部"转变的方法和路径是怎样的？价值型总部究竟会带来哪些价值？（P132）

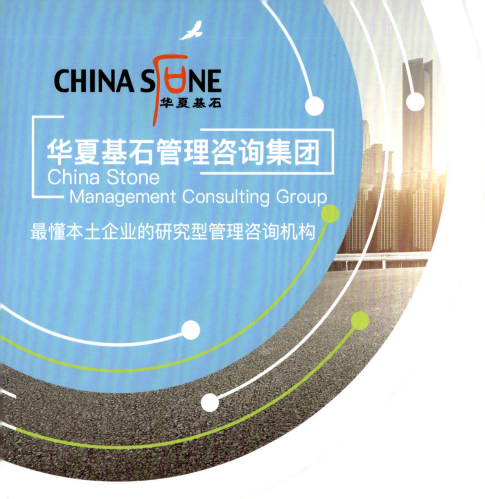

# 华夏基石管理咨询集团
## China Stone
## Management Consulting Group

最懂本土企业的研究型管理咨询机构

**创始人：彭剑锋**

中国人民大学劳动人事学院
教授、博士生导师
华夏基石集团董事长

由中国本土管理咨询业开拓者之一、华为"人大六君子"之一、著名管理咨询专家**彭剑锋**创办。

会聚了近**500位**毕业自国内外知名学府，既具有扎实的专业理论功底，又有丰富实践操作经验的资深顾问。

由50多位知名教授学者、中青年专家组成的**智库团队**。

中国企业联合会管理咨询委员会副主任单位；2015—2017年连续三年入选"中国管理咨询机构50大"名单，并蝉联第一；先后获得"人才发展服务杰出供应商""最具满意度的综合性服务机构""客户信任的管理咨询机构""中国咨询业十大领导品牌"等**多项荣誉称号**。

## 管理构筑基石          咨询智启未来

# 华夏基石基于本土企业标杆案例的
# 八大经典咨询模块

## 顶层设计与企业文化建设

01.企业文化诊断
02.企业家思想提炼、管理、应用
03.企业文化大纲（企业文化表达系统）
04.价值观评价标准
05.基于价值观的干部人才体系建设方案
06.企业文化释义集（企业文化释义词典）
07.企业文化案例集
......

## 企业战略与成长管理

01.企业的成长阶段界定与经营问题研究诊断报告
02.行业发展与产业分析研究报告
03.企业的战略规划
04.企业产品创新与新业务发展规划
05.企业商业模式创新与行业案例的对标研究
06.资本运作与产业收购兼并策略与方案设计
07.企业成长问题与成长瓶颈诊断分析报告
......

## 企业变革与组织能力建设

01.基于战略的组织变革方案设计
02.平台化+分布式的组织模式设计
03.基于价值创造的集团管控模式的选择与设计
04.组织结构设计方案
05.企业决策机制与授权体系设计
06.组织责、权、利、能、廉机制设计
07.团队智慧的打造与轮值CEO制度设计
......

## 战略人力资源体系建设与人力资源机制创新

01.基于战略的人才系统设计方案
02.基于能力的人力资源管理体系设计
03.基于战略的绩效与薪酬激励体系设计
04.员工职业通道与任职资格体系设计
05.企业的职位体系与职位管理设计
06.KPI与平衡计分卡的应用设计
07.OKR设计与应用工作坊
......

## 事业合伙机制与产业生态构建

01.事业合伙机制顶层结构设计
02.命运共同体（一级合伙人）事业合伙机制构建方案
03.事业共同体（二级合伙人）事业合伙机制构建方案
04.利益共同体（三级合伙人）事业合伙机制构建方案
05.产业链属地事业合伙人模式设计
06.供应商事业合伙人模式设计
07.渠道事业合伙人模式设计
......

## 集团管控

01.集团战略转型与系统变革方案
02.优化高效的、分层分类的集团化公司治理体系设计
03.集团领导体制与决策机制设计
04.集团化管控模式选择与混合式管控模式设计
05.总部专业职能的角色定位、专业能力建设与价值创造方式
......

## 营销创新

01.营销诊断及模式设计
02.1+N全渠道模式升级
03.精准化营销策略
04.品牌IP化设计
05."顾客经营"营销模式导入
06.营销组织平台升级
07.营销队伍建设
......

## 阿米巴经营:平台赋能型自主经营体

01.《阿米巴经营深度调研分析报告》
02.《阿米巴经营组织划分报告》
03.《阿米巴经营组织运行规则手册》
04.《巴长竞聘机制》
05.《巴长工程》
06.《阿米巴经营分权表》
07.《阿米巴经营核算科目表》

电话：400-0079-000    010-82659965（总机）
官方网站：http://www.chnstone.com.cn

目录
CONTENTS

## 专题

## 洞见

# 聚焦

# 方法

# 阅读

# 专题

## CHINA STONE ▶▶

中国经过四十多年的高速发展，奠定了非常好的发展基础。产业发展、技术进步、管理提升，基础都非常好，因此没有必要过度担心。

——施炜

# 时局与对策

## ——2022年下半年企业生存环境研判与战略应对

### 华夏基石3+1论坛第39期活动

### ——— 研讨嘉宾 ———

用行动化解焦虑，企业需要归核化战略

**陈明** 华夏基石管理咨询集团副总裁，华夏基石产业服务集团联合创始人

当前企业的最优策略是保守

**苗兆光** 华夏基石双子星管理咨询公司联合创始人、联席CEO，训战结合咨询专家

为准备长期过冬而优化

**孙波** 中国劳动关系学院副教授，华夏基石集团高级合伙人

着眼长期，攻守兼备

**施炜** 华夏基石管理咨询集团领衔专家，中国人民大学金融证券研究所首席研究员

短期焦虑难以避免，长期仍可保持乐观

**彭剑锋** 华夏基石管理咨询集团董事长，中国人民大学劳动人事学院教授、博士生导师

**策划/主持/编辑**

**尚艳玲** 《华夏基石管理评论》执行总编，企业文化案例研究著作专家顾问

## ◇ ▶ 开场语

通常我们对形势的讨论都会放到岁末年初，但 2022 年上半年，时局变化实在太快，我们感到已经不能再以年为单位来讨论时事了。

——上半年，俄乌突然爆发冲突，上海、北京接连遭受新冠肺炎疫情的新一轮攻击，互联网行业和传统行业的大企业纷纷开始进行业务整顿和组织优化，伴随的是降薪、裁员，受世界局势及国内疫情影响的众多中小企业更是如履薄冰，挣扎在生死边缘。

5 月初，美的方洪波回应内部被优化老员工的信在网上流传，方洪波在这封信中写道："2020 年疫情发生后无论面临什么样的挑战和困难我们都没有采取任何的紧缩和优化行动，但这一次确实面临更大的压力和冲击，我和管理层经过 1~2 个月的反复讨论，在挣扎中才做出艰难的选择！"他提到美的采取的应对行动包括关停非核心业务，紧缩非核心品类，优化精简组织，抑制投资，控制费用。

时代的尘埃落在每个企业、每个人身上都是一座无法承受的大山。从个人到企业，对"百年之未有大变局"有了切身体会。历史观告诉我们，时代巨变如洪流浩浩荡荡，从不以个人的主观意志为转移，我们能做的只有顺势而为，只有永不放弃、奋勇向前！

2022 年 5 月 24 日，正值北京新一轮的新冠肺炎疫情，我们组织了华夏基石 3+1 论坛第 39 期活动，邀请华夏基石智库专家专题讨论 2022 年下半年中国企业所面对的时局与战略对策。希望我们的观察与思考能给您一些启发。（尚艳玲）

# 用行动化解焦虑，
# 企业需要归核化战略

■ 作者｜陈明

## 我们究竟在为什么而焦虑？

2021 年下半年到现在，我走访了不少企业，也跟数位企业家和高管交换过对局势的意见，试图从企业经营管理的角度来理解当前的局势，我认为有这么几个令企业界感到焦虑的主要因素。

第一，**全球化终结的大趋势**。有专家说俄乌冲突是全球化终结的开始。全球化终结的原因比较复杂，这里就不展开讲了。我在这里就讲一点，贸易战成了国与国竞争的主要形式，而供应链变成了贸易竞争的主要工具，供应链安全比供应链效率更重要。大家过去都学过西方经济学，经典的世界贸易理论讲的是比较优势、全球分工。而今这些理论无法解释现实了。最近华为公司的余承东说，华为的手机产业就是被全球分工给"搞残了"，关键的芯片等被人卡了脖子。

现在讲的是有限全球化。经济全球化出现了强烈的政治干涉，以美国为首的西方国家，进行强烈的政治干涉造成经济和政府越来越背离。什么意思？就是从产业史来看，原来国家是为经济贸易服务的，比如，英国对中国发动"鸦片战争"，主要是商人鼓动的。但现在来看，经济跟国家出现背离，尤其是美国，动不动制裁这个国家、制裁那个国家，政治干涉影响经济全球化。

第二，**信息经济发展到现阶段显露出来的问题**。现在互联网大厂都不同程度地在裁员。实际上可以理解成这是必然的。为什么？从互联网经济的本质来讲，它有利于分配，不利于创造。

因为互联网技术、数字技术更容易形成垄断，实体商店的利润都没了，行业的利润集中到一两家大企业里。国家必须出手进行必要的管制。互联网经济是一种注意力经济，字节跳动就是把注意力经济做到了几乎极致。然而，注意力经济是有上限的，因为每个人的注意力有限。现在抢夺注意力、分散注意力的信息商业多。这几年受新冠肺炎疫情的影响，加速了原有互联网企业下行趋势。

"数字经济时代"是一个热词，但我的看法不太一样，我觉得需要泼点冷水——数字化对生产力的提高并没有我们想象的那么大，投入和产出其实是不匹配的。我感到这一两年，从国家到企业，对数字化、5G 不像前两年那么热衷了，原因可能还是投入产出不匹配。

第三，在我们国家，正如前面所讲的，现在供应链的安全要求大于供应链的效率要求，加上新冠肺炎疫情的防疫政策影响，造成了大家感觉产业马上要转移了的焦虑。但是认真地分析一下，虽然现在大家对越南特别看好，但越南全国约 9000 万人口，跟广东省的人口差不多，而且越南只有靠近河内、胡志明市的土地是平地，其他大部分是山区。我个人认为，越南的人口、土地这两大要素使得它很难取得全球供应链供给的主导地位。再来看印度，印度有联邦法律、种族问题等，我认为也很难替代中国的产业链供给优势。最近我看苹果的数据，苹果公司在鼓励产能全球分布，这些企业的策略改变确实给我们带来了一定的困扰，但东南亚和印度会不会完全替代中国在全球产业供应链中的位置？我个人认为不太可能。产业链转移的焦虑主要是因为原来可以在国内做全球化的生意，现在在国内做不了全球化的生意了，再加上新冠肺炎疫情管控的影响，物流受限，造成费用上涨，吞噬了企业的利润。

第四，现在全球没有形成新产业的引擎，新能源以及新能源汽车这些产业是替代性的，新能源替代的是石化能源，新能源汽车替代的是传统油车，它们对全球经济的引擎作用没有想象的那么大。这不是中国独有的，其实国外也是这样，全球都是这样。为什么大家总觉得焦虑？包括美国在内都找不到新的经济增长引擎了，过去都是美国开创一个产业，然后全球都跟在它的后面，现在他们也找不到新路了。

这是我要讲的如何理解这个时代，我们的焦虑从哪里来？接下来我再讲一个问题。

中国经济高歌猛进了四十多年，这是历史上少有的情况。绝大多数人都觉得这个经济增长是没有边际，会一直增长下去。实际上改革开放后成长起立的一批中国企业家都没有真正经历过

**如何理解这个时代，我们的焦虑从哪里来？**

经济大危机。比如像 1929 年到"二战"时的世界经济大萧条。所以一定要明白，中国经济四十多年的高歌猛进在世界上是一个特例，在过去遍地是黄金的年代，中国大多数企业挣的是快钱，捞浮财，心态还是有问题的。

为什么大家现在会这么焦虑？因为还没有经历过经济大萧条。可是，太阳底下没有新鲜事，只不过我们还没有体会到。

有一点不可否认，新冠肺炎疫情反复、中美对抗，尤其是国内一系列很理想化的政策都在这个世事维艰的时刻一起出来了，就好比一个人身体有毛病了，你却让他负重前行，营养跟不上，道路又很泥泞，这个人肯定要摔倒啊！我们本来可以用时间换空间，可以节奏慢一点，但中国人不怕任重就怕道远，一着急，所有的事情都在此期间发生了，造成了现在的经济放缓，老百姓消费信心大幅下跌。

现在年轻人的就业压力很大，有统计数据显示，截至 2022 年 4 月，中国 18~24 岁年轻人，其失业率是 18.2%；我国 2020

年、2021 年连续两年的生产率增长为负。我们最近做一些平台公司的咨询时发现，各个地方都没钱了，政府也没钱了，这些都加剧了大家的恐慌。以前总是强调经济不能硬着陆，现在是经济冷了。

供给方面，大多数企业现在面临很大的挑战，购买力也没有了，大多数企业的日子不好过。**我们很多人第一次深刻体会什么是真正的经济衰退**，所以本来特别乐观的人现在也都变得很焦虑。

以上是我个人对于局势的一些不成熟看法。

### 危机之中如何生存？

关于对企业的建议，我就提两个大的方面。

第一，仍然要危中见机，这是一个不变的结论。关于危机意识，我简单讲一个故事，是我在一个资料上看到的。任正非2005 年见了稻盛和夫，刚开始交流的时候，稻盛和夫就和任正非说，美国要断供的话你怎么办？那可是在 17 年前。据说，任正非听了以后一下子惊出一身冷汗，他原来就有意布局备胎计划，后来就全面加速了备胎计划。我们很多企业家还没经历过真正的危机，现在惊慌失措了，因为过去日子好过的时候没有为"过冬"储备粮食。

机会并不是完全没有了，短时间内能够替代国外产品的、能解决"卡脖子"问题的行业企业，还是有机会的，比如，最近我们服务的几家企业生意还是比较好的。另外，现在还有一些新赛道出来了，类似于新能源电池等，还有一些跟疫苗、检测有关的企业，目前它们都还是有机会的。

第二，企业需要归核化战略。有一本书讲到，在危机的时候企业需要归核，我认为，归核有下面六个内涵。

一是要明确企业到底为客户创造了什么价值。我先讲个故事，2022 年"五一"期间，我在青岛和一家上市公司高管一起吃饭，这家企业属于养殖行业，与动物营养有关。我问现在你们的生意怎么样，这位高管说，我们的业务实际上受到了影响，为什么？现在猪都吃不饱，哪有钱给它买营养品吃……原来日子好的时候，你创造了一些所谓的新产品有市场，现在日子不好了，市场可能就不在了。必须回归到真正为客户创造价值上面去，重新梳理一下业务。

二是要归到企业优势上。现在美的就在把过去探索的一些产品和服务做优化调整，有些就砍掉了，因为现在要赚钱，不能养活自己的、不赚钱的业务就要优化。

三是利润比规模还要重要，增长得是有效的增长，得有肌肉，虚胖就不行了。不利于生产力的提高，对现金流的消耗比较大，没有利润的产品和服务都得进行清理。

四是当国际市场不那么好做，规模也不是那么容易做时，反而有利于品质的提升。我看了产业史，日本、德国的产品品质真的是内卷出来的。中国企业则更像美国企业，都是先从机会导向开始，因为有这么大的市场，要做规模，把产能提上去比较容易。前几年大家都在提消费升级，因为大家都觉得收入增加了，其实是有一点"虚假繁荣"，因为通货膨胀也很厉害。现在全球财富两极分化都比较严重。按照日本社会学者三浦展的观点，全球中产阶级下流化了。我个人的观点，消费升级动力不足。现在市场两极分化，一个是有钱人的市场，另一个是真正的"劳苦大众"的市场，在这个市场，性价比永远不会过时。现在内卷了以后，品质更好一点是可能的，现在谈品质、谈质量比过去更容易让人理解了，企业家也更有动力去提升品质。

五是从组织和人的角度来看，我只强调一点，就是要增强自己的战斗力量。每个员工、每个业务板块，都不能拖累企业。好比革命年代时，遇到低潮，部队需要转移，如果是伤病员或年幼的革命后代，一般是转移不走的。那时的革命原则是，不能进入战斗序列的人，可能就要就地托付给老乡或就地转业了，并拍拍留下的同志的肩膀说：等到革命胜利的时候我们再相逢，现在活下来要紧。

企业比较难的时候，就看每个人能不能进入战斗部队，你必须养活自己，公司必须"止血"，这个特别重要。

六是要强调长期主义。我们强调细水长流，不能从一个极端走向另一个极端，比如说，不行了，就全部砍掉，就不考虑什么未来了。现下收缩是必须的，但还是要考虑未来，投入量可以少一点但要持续。比如，这个时候别的行业人才溢出，那我们能不能招一些跨界人才来？比如，本来可以将20%、30%的营收投入未来，现在收缩的情况下是不是还可以留10%？这是值得思考的。如果对未来没有一点预期，所有未来的东西都不思考，这也有问题。

现在是改造思想、锻炼队伍、提升实力的时候。改造什么思想呢？赚快钱、大钱的时代过去了，现在提倡赚慢钱、小钱和苦钱。经济不景气的时候，队伍更重要，队伍不能散，队伍散了，仗就没法儿打了。所以现在要把队伍凝聚起来，不管怎样，魂不能丢。就像当年南昌起义，主力部队失败以后，朱德、陈毅等人站了出来，说队伍不能散，把革命火种保留下来了。比如，没有业务的时候，企业是不是可以以赛代训，锻炼队伍，把自身的能力提升上来？这些方面也要有一些措施，否则的话，队伍散了，加上市场规模变小了，就确实形成了巨大的挑战。🔲

# 当前企业的最优策略是保守

■ 作者 | 苗兆光

最近几个月整个社会好像没有了方向，各种行动似乎失去了整体性，各类群体对未来的信心指数都在走低。总体来讲，上半年，各项宏观经济指标走低，奥密克戎病毒新特性及各种严格的疫情管控政策的双重影响，让人产生了"百业萧条"的感觉，俄乌冲突的走势又让人们意识到与西方脱钩的可能后果……

这一切都在挑战企业家和管理者们的信心，而他们的信心才是经济发展的根本动力所在。可以明确判断，企业和企业家们将面临最大面积、最深层、最严峻的生存挑战。

年初的时候，我曾经撰文建议企业将 2022 年经营策略的主题定调为"保守、低调、刷新"。到现在，这个假设并没有变，而且随着时间的推移和形势的演进，我认为这个策略主题应该执行得更坚决、更彻底。

需要注意的是，我们讲"保守、低调、刷新"，谈的是一般对策，就像波特研究战略理论的时候提出"成本领先、差异化和聚焦"三大战略是一般性战略，每个企业要根据自己的特定情况，再形成自己的特定战略。还有一个问题需要注意，虽然经济在宏观上、总体上呈下行趋势，但在结构上还存在着机会，有的企业在结构性机会上还是有发展空间的。比如，面对大面积的未就业人群、失业人群，如何给他们赋能，就是结构性机会。从一般性对策来讲，还是要保守经营，围绕保守经营这一中心思想，做系统性刷新。

使用"保守"这个词，曾经被很多朋友反对，理由是在大多数中国人的语境里，保守倾向于贬义。我仍然觉得"保守"最贴切，因为"保守"一词的本义是"保存、守护核心价值，既包括业务的核心，还包括核心价值观"，这是贵族精神，是在恶劣的环境下不拉垮、不自弃、不失底线，随时保持重新焕发生机的可能。

在经营管理的具体策略上，如何贯彻"保守经营"这一中心思想，我认为有以下几个要点需要把握。

### 一、聚焦于核心业务

保守经营，首先是要明确聚焦到核心业务上。

假如你是草原上的一匹狼，以前，你周围的狼都很壮，吃的东西也很多，虽然有竞争，但还都有的吃，可现在吃的东西少了，大家都变瘦了，不能还想着扩张、扩大地盘，自相残杀，而是得想着你那块地盘可能还有别的狼惦记着呢！外面的机会不多了，自己的核心地盘再丢了那怎么行？所以对企业来讲现在还是要聚焦核心业务，要先保证核心业务不失守。

### 二、要坚守核心价值观

在不确定的环境下，决策时就很难清楚地计算得失了，只有明确自己企业的价值理念，回到基本价值立场去决策。我们仔细观察了一些行业头部企业近两年的举措，比如，华大基因在新冠肺炎疫情当中就表现不错，为什么表现不错？这家公司很多年不赚钱，但这些人真的是有家国情怀，当新冠肺炎疫情一发生，这些人全到一线、到重灾区去了，这样他们第一时间就知道医院需要什么，医生需要什么，防疫需要什么，所以就推出了一些确实有竞争力的产品。其实它的出发点是家国情怀的价值观，没有去算计利益，但满足了切实的需求，自然也会拿到相应的回报。

在不确定的时候，价值观要守住，我说的"保守"，一个是要守住核心，另一个是要守住你的初心。同时，所谓"刷新"是指环境变化时，不仅是在业务层面，企业的理念系统也要调整，而且理念和原则要系统化，不能是零散的，甚至是相互矛盾的。

### 三、经营重心从增长转向利润

保守经营策略下，企业总体经营方针也要转变，经营重心要从增长转向利润。

为什么要这样？我们过去若干年把经营简化为增长，因为过去30多年中国的经营环境太好了，大系统在增长，遍地是机会，任何一个机会你只要全力扑上去，成功的概率就很大，所以过去都把增长和经营混为一谈，经营就是实现增长。但现在环境变了，仍然把经营简化为增长是有问题的。

美国、日本这些发达国家的企业提前遇到了"不增长下如何竞争"的命题，探索出了一些方法论。但中国企业家的事业理论不支持这个命题，不增长似乎就不会经营了。过去管理企业，从来不正视内部矛盾，而是用增长的增量来化解矛盾，"萝卜快了不洗泥"。当外面的机会没那么多的时候，企业要想活得久，要度过经济低迷期，利润就成了活下去的关键能力；利润高，生存能力就强，就能够撑得久一点。

> 我说的"保守"，一个是要守住核心，另一个是要守住你的初心。

从增长转向利润的同时，经营重心也要从规模转向现金流。过去中国企业在做强和做大之间，往往是选择先做大再做强，其实在做大的过程中风险很高，企业现金流经常会出现问题，过去融资环境好，能够弥补这个风险，现在可能就不行了，投资者开始保守，融资开始吃紧，你必须自己保存好现金流。

### 四、从扩张型战略转向生存型战略

如果说根据从保守到激进的程度，可以把企业战略分成三层：生存的战略，发展的战略，扩张的战略。那么，过去经济形势好的时候，若干年里中国企业遵循的是扩张战略，不断地开疆拓土，一个市场有五分把握就能开干，成功的概率也很高。但现在可能就不行了，成功的概率低了。企业应该从扩张型战略收缩到重视生存的战略，要把生存作为重心。

在这个总体方针下，我们可以从时间、空间两个维度去思考经营。

**在时间维度上，企业要追求较快的回报周期，追求小闭环，能够快速形成闭环的业务要优先考虑。**投资项目能尽快形成闭环的要优先投，而那些大闭环的、回报周期相对长的项目要适当压缩开支。过去做预算的时候，我们把经营性预算放大到80%，长期战略性预算放大到20%；现在则要压缩一些战略性的投入，调低长期战略性预算。

在空间维度上，有三点需要把握。

**一是保存核心业务，主战场不仅不能丢，还要强化。**企业在自己的核心业务上要增加投入，不要减少投入。现在有些企业真的很惨，主营业务没有了，主要市场寸草不生，此时就要琢磨哪块地里还能有收成，就要把资源集中投到这里。对大多数企业来讲，当前还是要巩固核心业务，还是要收缩战线，离核心业务较远的边缘业务要收缩。中国企业在过去年景好的时候拉的战线都比较长，现在形势不好就把战略重新理清楚，知道资源重点在哪里、市场机会在哪里，相对应地，日子就不会那么难。先活下来，保存实力。

**二是强化客户关系，在现有的客户上投入更多的资源。**做业务的都知道，老客户、新客户、老产品、新产品，是四个象限，现在要在老客户上花时间，起码会立于不败之地，别被人趁机抢了过去。所以要强化现有的客户，要投入更多的资源在老客户身上。

三是业务上要均衡，有风险对冲，这一点非常重要。那些业务均衡的公司，现在的日子就比较好过一些，业务单一的公司目前风险比较大。比如，那些国内业务、国际业务比较均衡的企业，现在的日子就好过些。因为国内形势不稳定的时候，国际业务在撑着；国际关系紧张的时候，国内业务撑着，这样就有一个风险对冲。在国内也是这样，如果你的业务布局在全国范围内就好过一些，如果只在上海或北京，那现在就很困难。这是从市场布局上均衡，还有业务结构上的均衡。比方说，餐饮企业，你的堂食和外卖就要有对冲。过去很多"高逼格"的餐饮怕做外卖影响顾客体验，不做外卖就专注做堂食，现在就不好过了。

对于陷入困境的公司来说，不知道还有没有业务均衡策略的空间，如果还有策略空间，我建议一定要做，因为不稳定、不确定是长期的，它不是短期的。我们说"过冬"是要放在三年周期来考虑的，要从时间、空间上进行"过冬"的调整和准备。

> 我们说"过冬"是要放在三年周期来考虑的，要从时间、空间上进行"过冬"的调整和准备。

### 五、维护企业的生态系统

从组织维度上应该成系统地梳理理念和原则体系，维护企业的生态系统。

过去业务是扩张型的，在组织的各个方面也都属于积极型的，那现在业务要收缩，还要积极地收缩，各个业务里面贯穿的原则策略是不是能跟环境一致？就是说要考虑，业务收缩了、裁员了，生态系统会不会恶化。从历史上看，每当经济恶化时，各种力量会把主要矛盾往资本上引，民间一直有对资本、对企业的恶意存在。为什么社会对裁员问题高度敏感？就是你裁撤业务的时候总会遇到要处理员工的问题、供应链伙伴的问题，如果你在收缩业务的时候恶化了你的生态，遇到的敌意太大，风险就会大大提高。很多企业不是死在经营上，而是被恶化的生态拖死的。所以一定要维护你的生态系统平衡，一定要有明确的价值观，如果你的价值观不明确，环境变化又不确定，企业再按过去的思路算计利益、一味追求增长，就会出问题。

维护生态系统，一定要善待员工。生态不好的时候，遇到结构优化、业务裁撤需要裁员时，如果员工不站在企业的这一边，是会出问题的。所以在经营策略转变的过程中一定要充分考虑到如何善待员工，尤其是在处理业务收缩这件事儿上，要考虑企业生存和善待员工之间的平衡。我个人认为，裁员是最后的手段，并不是优先手段，一些企业一碰到困难就很容易使用这个手段，实际它不是个优先手段。

最后讲一下低调。企业还是要回到企业本身，企业家的成就还是要在经营好企业当中体现，不要有那么多想法。中国的企业家都很清楚，不需要提醒的，你看稍微有点儿名的企业家都把微博清掉了，朋友圈都是沉寂状态。所以这次我没过多谈"低调"，重点强调保守和刷新。保守和刷新看似矛盾，但在当前的确都很重要，我们要在矛盾中找平衡。

这是我的几点体会，希望对大家有所帮助。

# 为准备长期过冬而优化

■ 作者 | 孙波

　　大家都在谈 2022 年会是宏观经济很艰难的一年，甚至是近 20 年来最困难的一年。对于企业经营而言，叠加国际形势变幻、新冠肺炎疫情发展等外部环境的不确定性，更显得尤为困难。在这个时间如果谈当下感受的话，我觉得观察企业的实际状况和应对方式应该更有说服力。

　　我们对某头部电商企业进行了简单的调研，这家企业年初计划在今年大比例增加市场投入，前段时间他们内部开了一个经营会，结果是年度总体预算砍掉 30%。总体预算砍掉 30% 是怎么砍呢？他们用了"优化"这个词，优化成本支出，比如说，产品宣传的成本支出可以削减，而直接带来销售的成本，该支出还是要支出。像美的一样，所谓不能够做到前三名的、不能够短期带来现金流量的都要优化。但是，**优化并不意味着不投入了，在数字化转型方面今年依然要重点投入。**所以外界舆论视角看到的是裁了多少人，而他们内部用的是"优化"这个词。

　　零售业今年以来主要是由于新冠肺炎疫情的原因而受到了比较大的冲击。我们在对某零售业的头部企业进行调研的时候，其负责人谈了三点情况。

　　第一，在奢侈品市场，很多国际顶级品牌纷纷下调今年的销售计划，下调比例大致在 40%，华联旗下的北京 SKP 商场在亚洲奢侈品销量排第一位，年初制订的开店计划也在调整和压缩，同时店铺被封控也带来了巨大的费用支出压力。以北京 SKP 为例，过去一个月的流水大致是 18 亿元，因新冠肺炎疫情封控而暂时闭店带来一天的纯支出约 300 万元，包括房租、基本工资等，同时一天损失约 6000 万元的流水。

第二，总体上各商业业态的销售数据都在下滑，且企业基本上在 3 月以前并没有感受到明显的下滑，都是在 4 月左右感受到明显下滑的趋势。

第三，今年与 2020 年、2021 年疫情期间的现象不同。不同主要体现在两点：首先，综合超市是保障民生的，理应不受疫情的影响，甚至在 2021 年疫情期间综超大多数的销售额都是在增长的，但今年综超前 4 个月的销售额却是下降的。其次，恢复的周期更长，2021 年疫情后很多商业迅速恢复甚至有明显的反弹，今年很多地方疫情结束后并没有出现这种现象，恢复的周期明显拉长，甚至有短期无法恢复的苗头。

总结起来，**消费者的心态已经从"没准就过去了"变成了"没准又来了"。这是一个非常关键的变化，说明预期更加不确定了，这种不确定带来了消费的进一步下滑**。谈到应对措施时，他们用的词也是"成本优化"，优化有两个方面：一是业务优化，对于具有非相关的多元化投资进行优化；二是能力优化，对组织能力和人员能力进行优化。

除了我们所调研观察到的这些企业的实践，从相关报道和舆论也能感受到不同行业的企业对于未来宏观经济形势长期下行的预判，至少是相对达成共识的预判，这些又会通过互联网媒体的放大进一步加大社会的焦虑。造成预期下滑和社会焦虑的原因当然是多方面的，包括我们国家产业结构调整、转型升级、国际环境动荡、中美贸易摩擦、疫情反复，等等。

作为深处其中的企业家，焦虑是难免的，但不管宏观层面怎么样，在任何时候都有活下来的企业，当前这种局势下怎么活下来，可能是企业家更应该去思考和面对的。

关于如何活下来，我们可以学习一些世界级企业、成功企业的经验，尤其是那些跨越过经济周期、经历过危机的世界级企业的发展史，在这里我提几点笼统的建议，供企业家参考。

首先，企业家要回归企业经营的本质，改变过去增长即成长的理念。真正认识到企业的成长是企业系统内部的组织与功能不断完善和分化，从而促进企业系统机体不断扩张、新陈代谢，不断适应环境并与环境形成良性互动的过程。企业成长的关键是企业结构与功能的完善和对环境的适应，而不仅仅是规模的增长。在逆境时期，更能使企业家认识到经营企业的本质，补上过往高速发展中缺的课，从单纯追求规模增长到追求有质量有内涵的成长。这个过程也是企业家突破、转型和蜕变的痛苦过程。

其次，企业必须要有长期"过冬"的心态，心态调整了，就要做"过冬"的准备，就要有坚持的耐心。具体策略上，我个人是比较认可"优化"这个概念的，我并不认为优化就一定代表着收缩，而是有收有放。收缩讲的是全面收回来，是全面压缩过紧巴巴的日子；优化指的是可以接受不增长，在不增长的情况下再做优化，一定会使企业的某些方面变得更强。这种优化可能是回归主业，也可能是在主业范围之内继续投入，围绕着数字化转型、围绕着主业的持续创新做投入，这会进一步增强企业的壁垒，这就是"过冬"的防寒衣，同时也是对成长的追求。

最后，从人力资源管理的角度来说，也是一个优化的过程。对个体来说是自身能力的优化，对企业来说是对组织能力的优化。人员能力优化绝不是简单的裁员可以达到的，规划组织能力必然会涉及能力的转型、引进、储备和成长，这些应当从长计议，应当在这个过程中承担企业的责任，协助员工实现转型，挖掘和发挥员工的价值。真正需要裁减的人员，也应当做到充分沟通，合情合理合法。同时，还需要基于组织能力规划，大胆引进真正需要的人才，有进有出才是优化，这也能够增强留下来人员的信心，在"过冬"的时候信心是最重要的。🔟

# 着眼长期，攻守兼备

■ 作者 | 施炜

## 一、变量即态势

分析和判断时局要讲究方法，也就是怎么理解变量。长期变量、中期变量、短期变量是什么，各有什么态势，把这些变量弄清楚了，结论自然就出来了。

**1. 长期变量。** 从国际上来看，第一，全球技术进步。目前正处于上一轮科技成果爆发和下一轮科技成果爆发的过渡期。第二，全球供应链迁移。第三，国际关系的战略性重组。

从国内来看，第一，国内的城镇化发展基本上到了中后期。第二，人口出生率下降。第三，产业发展到了中间阶段（不上不下）。低端劳动密集型的产业优势正在丧失，高端产业我们还有很多关键核心技术及"卡脖子"的问题没解决。但对大部分产业而言，中国制造具有不可替代的优势。第四，一些结构性的因素。

**2. 中期变量。** 中期变量主要是政策变量，比如，房地产政策、互联网产业政策、医药产业政策等。

**3. 短期变量。** 短期变量主要是疫情的影响。疫情防控有直接的影响，还有外溢的影响。估计不久的将来，短期因素就会被解决。

## 二、着眼于长期成长

中国经过四十多年的高速发展，奠定了非常好的发展基础。产业发展、技术进步、管理提升，基础都非常好，因此没有必要过度担心。

下面，我给企业提几条具体建议。

第一，增强战略的稳定性。战略不能一会儿膨胀，一会儿收缩，去年还在高歌猛进，今年就说严冬来了。这个也不太准确。也就是说，要讲辩证法，觉得形势好的时候肯定要谨慎乐观，不好的时候又不能太悲观。战略调整需要一个反应过程，有的时候还是需要"让子弹飞一会儿"，不要那么着急出手，等一等、看一看，可能一些风浪就会过去。

第二，构建核心业务的竞争壁垒。把枝枝蔓蔓的业务做一些调整，在主业里做出壁垒。所谓的壁垒实际上有两个层次：第一个层次是在市场上表现为超越对手的顾客价值。就像弹钢琴，会弹的人很多，但我弹得比其他人都好，这就是壁垒。第二个层次是支撑优势的基础性条件或因素。这是壁垒的根基。壁垒像一棵花树一样：花儿开得很鲜艳，是一种呈现，实际上是因为树干、树根，以及树的整体生态在起作用。

第三，保护核心资源。越困难越要保护好生态。核心资源有外部的，也有内部的。外部的核心资源是供应链、渠道、合作伙伴等，**最重要的外部资源是核心客户资源。这是为未来做准备。内部的核心资源是创造价值的中坚力量、骨干员工。**

第四，尝试模式创新。我们经常给一些企业做战略转型方案，但做得好的企业不多。为什么呢？因为它们被现实经营压力所牵扯、拖累，人力、物力、时间都花在现有的业务上了，但有长期效应的模式转变却一直没有推进和落实。现在到了困难时期，订单减少了，反而可以致力于转型和模式创新。经常有人问，困难时刻应该攻还是守？不能笼统地说要守，面向未来还是要有攻。**战略上要有双重性，既要守也要攻，这样才会既有现在也有未来。**

第五，构建长期进化能力。关于企业成长，我写了两本书，《企业成长导航》与《企业进化》。从读者的反应来看，《企业成长导航》大家看起来更轻松一些，更贴近现实问题，所以企业家对这本书更感兴趣。目前对企业来说，**要更强调长期进化，要用长期眼光探索企业演进的算法，要坚持持续迭代、追求卓越。**不能迷恋于短期"动大手术"。战略动作需有利于企业机能以及长期生存发展能力的提升。

# 短期焦虑难以避免，长期仍可保持乐观

■ 作者｜彭剑锋

今年的局势的确是"一波未平一波又起"，今天我还接待了三位企业家，交流对局势的看法。我观察现在企业家群体有两种主要情绪：一种是迷茫；一种是焦虑，而且有很明显的价值观与情感上的撕裂感。但这种撕裂感并不是企业家群体独有的，整个社会现在有被撕裂的趋势，尤其是"50后""60后"。几十年的同学、朋友，好多人因为价值立场冲突，愤而选择退出老友微信群，这种价值理念的两极分化在过去几十年里都没有出现过。面对现在的经济形势、国际形势，大家的价值立场出现了对立，过去几十年较为一致的价值观现在出现了撕裂。

迷茫、焦虑、价值观撕裂，这是现在企业家群体表现出来的主要情绪。

## 寻找到焦虑的源头

原因是什么？我归结了一下，大概是以下四个方面。

第一，对于**政治与营商环境的焦虑**。共同富裕、统一大市场等新理念频出，让企业家难以深层领会，政策出台的随机性、不少地区在疫情管控上的层层加码和整顿市场与行业的一刀切方式让民营企业家没有安全感，还有网络舆论无休止的上纲上线，对民营企业家的污名化、妖魔化之风，将民营企业家刮到所谓"原罪"的风暴眼中，从而不知所措。

第二，对于**经济动荡下行的焦虑**。疫情反复使企业经营时断时续，经济下行使企业增长乏力，许多企业经营困难、现金流紧张，尤其是众多中小企业今年日子最难过，对经济的前景信心不足，普遍焦虑万分。但我认为中国经济已经高速成长了四十多年，从经济规律上来讲，本来也到了下行调整的周期。任何一个国家都不可能保持四十年以上的持续高速增长。中国企业与企业家普遍没有经过经济危机的洗礼，企业普遍缺乏抗逆周期成长的核心能力，习惯于在顺风顺水中抓机会，所以一遇到经济下行，就焦虑万分、不知所措，我认为企业家对经济下行不必太悲观。

最近一个月，我把国外世界级企业中90岁以上的企业家的发展史差不多梳理了一遍。我们可以看到，那些把企业做成世界级企业，自己也活到90岁以上的企业家，几乎每个人的一生中都经历了无数次的经济危机，经历了无数次的破产危机，被各种挫折与磨难折腾过无数次，才有了今天的辉煌成就。我甚至想，如果他们没有经历过磨难，没有经历过各种低谷与危机，没有在危机中去捕捉新的机会，可能不一定能活得这么长，事业成就也不会这么巨大吧！这些90岁以上的企业家，不管经济发生什么样的变化，他们都能在危机中看到希望和机会，在困境中找到生存和发展的独特道路，都能让企业活下来。

从这些长寿的企业和企业家的经历再来看中国企业家，我就比较能理解他们的焦虑和迷茫了，因为中国的企业家基本没有经历过大的经济危机，所以现在面对经济下行，面对营商秩序日益规范，面对市场对产品与服务的要求日益苛刻，很多企业家感到措手不及，没有心理准备。应该说过去大家习惯于挣快钱、挣容易的钱，现在赚钱模式变了，要从挣快钱转向需要一定时间积累才能挣到钱，从挣容易的钱转向挣难的、需要长期投入的钱，企业家已意识到要转型，但真转起来，难度很大，很痛苦。同时，过于随大溜，顺水顺风惯了，现在要逆水行舟，没点真功夫难以生存。所以，学会如何在经济危机中，在灾荒之年绝处逢生或浴火重生，是中国企业及企业家面临的新挑战。

唯有历经危机和困境，具有抗逆周期成长能力才能蜕变成伟大的企业与企业家。

第三，来自科技创新与数字化转型升级的焦虑。中国企业要转型升级，走高质量发展之路，首先，必须要登科技高山，真正加大硬科技与技术创新的投入，才能打造伟大的产品与品牌。但科技创新投入是需要砸钱和长期投入的，企业家焦虑的是钱从哪儿来，找到了钱，也投入了，但短期难以见效。其次，要下数字蓝海，数字化现在已经成为中国众多企业的核心战略，但如何加速企业的数字化转型升级，推进企业的信息技术集成应用，探索产业数字化共性支撑平台，形成数字经济条件下的新型经济形态，这对中国企业来说，又是一件说起来容易做起来难的大事。许多企业家对企业数字化转型升级没有想透，高层没有共识，战略准备不足，使得数字化投入很大，但效果不佳，所以中国企业普遍陷入数字化转型升级焦虑。

> 中国企业要转型升级，走高质量发展之路，首先必须要登科技高山，真正加大硬科技与技术创新的投入，才能打造伟大的产品与品牌。

第四，国际市场环境动荡重构的焦虑。中美之间的战略竞争、俄乌冲突，导致国际市场动荡不确定，国际秩序与规则正加速重构，某种意义上，中国是依靠旧的 WTO 体系获得了红利，面对美国主导的新的全球化结构体系重构局面，中国整个产业结构还没有适应，各种适应不良、适应不了，带来更多焦虑感。

这四个方面的原因，使得中国经济面临前所未有的结构性压力和转型升级难突破的压力，加上互联网又在制造焦虑，互联网上大量的真真假假的信息，使得全民焦虑、全民撕裂。这是一个百年未遇的大变局，错综复杂的时代，从企业现实的经营角度来讲，肯定是焦虑的，因为现在日子艰难。所有来我这儿喝茶的企业家都说，今年日子太难过，真的活不下去了，不知道下一步怎么办。

但我这个人可能性格使然，我觉得能不能过好，并不取决于外部环境，而是取决于自己的心态。外部环境我们决定不了，我们却可以决定自己，调整好自己的心态，做好自己。另外，困难的时候，要相信你不好过的时候，别人也不好过，竞争对手可能比你更难过，你只要比他们做得好一点、坚持久一点，最后赢的就是你。

刚才也说过，那些世界级的伟大企业中活到 90 岁以上的企业家，没有哪一位从来没经历过人生挫折和事业危机的，回过头去看，对他们个人来说，困难挫折无不都是财富。某种程度上讲，做成功的企业，做卓越的企业家，经历九九八十一难是不可避免的，关键是在困难面前抱持什么样的心态，采取什么样的对策。

## 短期焦虑，长期看好

总的来讲，对于局势，短期焦虑，长期来看我还是属于乐观主义者。百年大变局，中国进入了一个历史的关键点，即使未来两到三年是严冬，但是从长期来看，我还是看好的。

第一，从政治与营商环境上看，我认为中国共产党是有自我批判精神、自我调节机制的，即便是一些政策适应不良或效果不好，最终还是会扭转过来的。这是我的一个判断。

第二，从经济发展来看，中国未来只要坚持四大要素就没有问题。一是更加开放，不主动与世界为敌，不自我孤立，就会争取到自己的生存空间。二是真正在高科技上持续投入创新，这几年从国企到民企，高科技投入强度确确实实比以往任何一个时期都要高。三是坚持市场经济主导。四是抓住数字化与产业互联网时代的历史性发展机遇，在数字化时代，只有中美两个国家才真正具有大数据与产业互联网应用场景优势。

中国只要能坚持上述四个方面，一定能走出低谷，未来可期！

我们做企业管理咨询的人，与企业在一条价值链上，这个时候我们还是要给中国企业家以信心，要坚持为优秀的头部企业、成长型企业提供思想上、方法上、技术上的支撑，破除他们的焦虑，给出有价值的建议。

### 给企业家的三条建议

从具体的建议来讲，我想给中国企业家提三条建议。

第一，时代巨变之下，中国企业家一定要改变赚钱的思维模式。过去赚快钱，赚投机的钱，赚容易的钱，这是一代中国企业家的成功经验，很难摒弃，所以对"变化"没有敬畏之心，仍然用旧的思维模式去做判断和决策。比如，最近我很有成就感的一件事是什么呢？有一家企业，三年以前准备投上百亿元做产业园，老板问我要不要做？那时候我就说，过去那种靠地产补贴产业园的模式早就过去了，老板说现在要卖掉的话，能卖46亿元，如果要继续投资建设，需要再投几十亿元，现在是卖还是投？我建议他：现在尽快卖，还能卖个好价钱，再拖，贱卖也会没人要，况且企业自身现金流紧张，全靠短货长投，出问题是迟早的事！前几天他给我打电话说，彭老师，就是因为三年前听了你的话，卖掉了尚未建完的产业园土地及物业，获得了46亿元现金，这46亿元支撑我们度过了这三年疫情期，让我们现在还能活着，如果没有这46亿元现金，甚至还要往产业园砸几十亿元，那现在我这个企业就死了！

还有另一个案例，就是前两年我劝一个民营企业的老板放弃用近百亿元收购一家地方商业银行，我一直认为，在中国的营商环境下，民营企业还是少碰金融，民营企业不要与国企抢饭吃，还是要干国企不愿干、干不了、干不好的行业。民营银行再干也干不过四大国有银行，且这家小地方商业银行，内部管理混乱，"雷"很多，所以这位老板现在也是很感激我当年的劝阻，否则这钱砸进去，不光救不了那家小银行，也会将自己一块儿砸死。为什么举这些案例呢？因为现在我们的一些企业家还是过去那种"拍脑袋"式的决策模式，还是想着怎么去赚容易的钱、赚快钱的思维，往往钱没挣着，反而把企业拖到泥沼。

我们还是要帮助中国企业家回归到价值本位，回归到经营的底层逻辑。时代变了，赚钱的模式变了，赚钱的理念变了，他们自己的思维模式与价值观必须要改变，整个高管团队的价值观与领导力必须要重塑。

第二，我认为，经济下行期恰恰是大力弘扬企业家精神的时候。我研究了 30 家世界级企业的 90 岁以上的企业家后，发现一个真理，就是越是在经济危机时期，越要弘扬企业家精神，别人贪婪的时候你恐惧，别人恐惧的时候你贪婪。越是处于危急时刻，企业家恰恰要看到机遇。那些长寿的企业家都是因为在经济危机中发掘了机遇，才获得了巨大的成长。所以该收缩时就收缩，但该挺进的时候还得挺进，还是要发挥企业家精神，不是简单地说"躺平"，这个不干、那个不干，我觉得不是这样，目前这个艰难时刻，恰恰要挖掘和弘扬企业家精神，越需要企业家的洞见力和胆识。

> 企业家还是要主动作为，还是要发挥企业家精神。

第三，人心不能散，信心不能丢。越是艰难时刻越要凝聚人心，慎重对待人才、善待人才，越要对未来充满信心。组织压缩也好，减员增效也好，该优化的要优化，但该留住的人才要留住，该引进的人才还得引进。一定程度上来讲，现在是引进人才最好的时候，该引进的人才还是要大胆引进。

另外，越是大家都焦虑、六神无主的时候，企业越要有员工关怀，这个时候恰恰人心不能散、恰恰要凝聚人心。要把握哪些该进、哪些该退，还是要把握一个度，不是简单地用裁员、压缩组织来应对，也不能"躺平"，不做任何投入了，这都不是应对经济危机的真正的发展之道。**企业家还是要主动作为，还是要发挥企业家精神。**

作为咨询公司，在这个时候华夏基石要在企业战略思维上，在企业的组织能力建设上，在企业业务升级上，帮助中国企业成长，体现我们的价值。相较于跨国咨询公司，我们有对产业的理解，对中国整个宏观经济的理解，对中国文化与企业的理解，我们华夏基石是有竞争力的，我们是很有自信的。

所以恰恰在这个时候，要发挥我们的优势，发挥我们的才华，真正帮助中国企业度过经济下行周期，帮助企业家在危机之中洞察机遇，看到希望。在危机中造就一批头部企业，为中国企业创造价值，也会体现我们的价值。

所以对中国企业家来说，我总结了一句话：只要你比别人做得更好一点，咬紧牙关坚持活下去，在黑暗中看到光明，洞察机遇，捕捉新机会，你就能够胜出，你就能够成为最后的赢家。

洞见

CHINA STONE▶▶

比疫情更可怕的是"躺平"心态，不愿作为，把所有的不努力、不成功都归结于疫情，而不能去苦练内功、做好自己。

——彭剑锋

# 苦练这六大内功，
# 在磨难中迈向伟大

■ 作者 | 彭剑锋

我们正进入百年大变局的新时代，面对高度复杂与不确定性的外部环境，面对疫情的反复，面对新旧动能的转换、交替，以及数字化与智能化加速应用的新机遇，中国企业应该如何应对？

我认为还是回归到哲学层面上的两句话，叫"以变应变，以不变应万变"。所谓"不变"，就是企业要坚定活下去的信念，要苦练内功，做好自己，不管外部环境怎么变，只要苦练内功，做好自己，锤炼苦熬下去的意志、智慧，锤炼筋骨与体魄，企业就能熬下去，就能活下来。

所谓"以变应变"，就是企业要主动拥抱变化，主动走出舒适区，疫情面前不"躺平"，主动作为，主动自我变革，自我提升。

毫无疑问，疫情的不断反复，对中国很多企业的经营带来了困难，甚至带来了可怕的后果，尤其是中小企业进入生死的煎熬期。但是，我个人认为比疫情更可怕的是，企业面对疫情有了"躺平"的心态，不愿作为，把所有的不努力、不用功、不成功都归结于疫情，而不能去苦练内功、做好自己。做好自己的功课，就是比别人更能拼、更能熬，继续争做优等生。正如任正非所言，"伟大都是煎熬出来的""烧不死的鸟才是凤凰"。

那么，作为一个企业，如何去练内功？练内功包括哪些要素？我认为一个企业要练好六大内功。

### 第一项内功：练脑力，升级组织智慧与团队领导能力

内功首先是大脑强大，大脑始终不缺氧，保持清醒，睿智而充满智慧，大脑的认知与思维，要跟得上时代的步伐，思维很活跃、不僵化。还有就是大脑不发热、不发烧、不犯糊涂。

某种意义上，企业家与高层领导团队，就是企业的大脑与中枢神经指挥系统。一个企业的内功要强，首先要强在企业家的大脑，强在企业家有信念有追求，强在企业家有远见卓识，强在企业家与团队有智慧、有洞见力和决策能力，强在企业家与团队具有卓越的领导力。

所以，内功首先是大脑要强大和健康，大脑有智慧，中枢神经系统强大而不紊乱。那么具体到操作层面上，主要表现在以下五个方面。

**（一）要让大脑有活力，有信念的力量。**

企业家要使命驱动，有坚定的信念与高远的目标追求。所以，无论经济下行还是经营上遇到困难，都要坚定活下去的信念，有永不言败的意志力，要有把企业做好的执着精神。

**（二）要让大脑不痴呆。**

企业家要关注变化，洞见趋势，敢于拥抱变化，尤其是在一个百年未遇的大变革时期，企业要高度关注新技术的革命，关注产业互联网和技术综合应用的新趋势，以此去把握产品技术创新的方向；高度关注价值链与产业生态的变化，以此进行产业布局与业务结构的调整；高度关注客户需求变化与每一波社会情绪和审美的切换，以此进行产品与品牌的升级；等等。

**（三）大脑要发达，不僵化。**

大脑能够自我进化，这就体现为企业家与高层领导团队要终身学习，自我变革，企业家不膨胀，同时整个团队能够升级脑力与眼界，进行认知与思维的革命。企业家与高层领导团队，要具有全球视野和长期价值主义的思维，能够从机会导向转向战略导向，从"捞一把就走"的生意人思维与眼光，转向做事业，

做伟大的事业，从仅仅关注当下的利益到关注十年、二十年企业生存的意义与价值，企业愿意并舍得对未来进行长期的战略投入，尤其是加大对人才、技术品牌管理等软实力的投入。

**（四）大脑要发达，要有充满智慧的力量。**

这要求企业家做决策，要从完全凭感觉个人拍脑袋、从依靠个人脑力与眼力，转向吸收宇宙能量，集聚群体智慧进行科学的决策，同时能让整个团队达成战略共识。真正实现从企业家个人成功，走向团队的成功，真正致力于打造一个伟大的团队与组织。

**（五）大脑健康，要保持大脑不发热、不发烧，整个决策系统不紊乱。**

中国很多企业出问题，都是因为企业家自我膨胀，拍脑袋乱决策。所以，这就要求企业家与高层领导团队，要敬畏规律，遵守法规，恪守商业伦理，进行底线经营，建立组织理性，创造阳光利润，受客户和社会尊重，这才企业内功之首要的要素。

> 练内功就是要构建优化而健全的组织治理与组织结构，打造一支能带员工打胜仗、攻山头的干部队伍。

**第二项内功：健全体魄，强壮组织的骨骼系统，打造强大的组织战斗力**

组织的体魄与战斗力来自哪里？一方面，战斗力首先来自健全而优化的组织治理与组织结构；另一方面，来自能带队伍、攻山头、打胜仗的强大的干部队伍。练内功就是要构建优化而健全的组织治理与组织结构，打造一支能带员工打胜仗、攻山头的干部队伍。

**（一）健全而优化的组织治理与组织结构。**

一个企业要建立健全优化的公司治理结构，这是企业健康成长的 DNA 与基础工程。

中国企业的"内乱",往往是乱在公司治理上,乱在公司控制权的争夺上。**一个企业要建立健全优化的公司治理结构,要抓住五个要点。**

第一,如何建立清晰而优化的产权结构及稳定的公司控制权结构。大家可以看到,无论是国企还是民企,往往产权结构始终很难优化,要么一股独大,要么股权过度分散,对与产权结构相联系的企业控制权、经营决策权、业务管理权的权限,缺乏理性的制度安排,导致众多企业经常陷入控制权之争,打得不可开交。所以,企业乱,首先是乱在自己。

第二,如何正确处理货币资本跟人力资本的矛盾关系?如何确定老板跟职业经理人的信任承诺关系,尤其是在人力资本成为价值创造主导要素以后如何建立货币资本跟人力资本的合作伙伴关系?如何在确保股东权益不受侵犯的前提条件下,对人力资本剩余价值索取权与经营话语权做出公平合理的制度安排?

第三,如何建立科学决策的机制与流程,既要弘扬企业家的精神,发挥企业家的创新与直觉思维的优势,又要集聚群体智慧?

第四,如何构建有效的集团化组织管控模式与平台赋能体系?

第五,如何实现组织相关利益者的价值平衡,使得一个企业具有超越利润的追求,去承担相应的社会责任,去打造良好的生态体系?

**(二)内功体现于强大的干部队伍。**

组织强,强在干部。干部是企业的骨干,干部队伍是整个组织的骨骼系统。我们经常讲,路线确定以后,干部就是决定因素。干部强,骨骼系统就强;干部战斗力强,队伍就强,就能攻山头打胜仗。因此,干部队伍建设是企业练内功的核心,像华为、小米、阿里等企业都专门成立了干部部，以强化干部队伍建设。

那么干部队伍建设抓什么？我认为干部队伍建设主要抓三要素，分别为干部的使命、责任、能力。也就是说要赋予干部持续的使命激情，构建干部勇于担当责任的机制，打造有效的领导力发展体系。

同时，我们说堡垒往往从内部攻破，干部这个看似最强的骨骼系统，往往也是最容易被攻破的。所以，干部队伍时刻要预防和铲除四种毒瘤：第一，干部的官僚主义与形式主义；第二，干部的山头主义与帮派主义；第三，干部的腐败与堕落；第四，干部的私心与不思进取。

## 第三项内功：练拳法与腿功，深耕客户关系、深化客户价值

作为企业，要以客户为中心，让产品这个拳头能够硬起来，让有力的腿脚能够深耕于客户关系之中，扎根于客户价值之中。

深耕客户关系、深化客户价值的内功有两个内涵：一是为客户创造价值的能力，通过这种客户价值创造能力，去赢得客户的信赖与忠诚的这种内功；二是要把产品做好，将产品做到极致，让客户无法拒绝购买和体验的这种内功。

尤其是经济低迷期，企业要一切以客户价值为核心，展开经营管理工作。客户才是企业利润的源头，为此企业要做好以下三件事。

一是以客户为中心变革组织模式，打造客户化组织。这就需要企业进行组织变革和机制创新，压缩管理层级，简化组织，降低决策重心。让听得见炮声的人去做决策，企业内外就要客户化，全员围绕市场与客户展开各项工作，促使员工"从屁股对着客户、脑袋对着领导"，转变为"屁股对着领导、脑袋对着客户"。

二是以客户为中心去优化业务流程，减少审批环节，责任下沉、权力下放，激发一线人才为客户创造价值的活力与动力。

三是要剔除一切不创造价值的环节和行为，让每个人才都成为价值创造者，并有价值的工作。在经济低迷期，只有"拳头硬"，即产品品质硬，企业的命才硬。产品才是赢得客户最好的武器，才是真正的内功之所在。**企业要苦练做好产品的内功，埋头做好产品是正道**。

要让企业的产品品质硬起来，主要要做好两个方面：第一，产品要差异化；第二，产品要有技术含量和附加值，即使产品价格贵一点，客户也愿意掏钱买。

> "
> 成本低、稳定质量、准时交付这三项指标是最能体现企业运营管理和供应链水平的内功。
> "

同时，企业没有必要与竞争对手去"血拼"，打价格战，企业要有利润空间，才能够存活。经济低迷期，消费乏力，这个时候企业要加大产品创新的投入，要开发新市场，满足不同人群需要的差异化的产品，要强化产品为消费者及用户带来的好处，解决消费者的痛点，创造可靠有效的价值。

### 第四项内功：强化腰与脊梁，提升企业的抗摔打能力

要构建卓越的运营体系与敏捷的供应链系统，企业的运营体系与供应链系统是组织的腰与脊梁。企业的运营效率与供应链效率，决定着企业的总成本，决定着产品的成本、质量交付期、性价比。

成本低、稳定质量、准时交付这三项指标是最能体现企业运营管理和供应链水平的内功。产品品质好、成本低、性价比高，市场竞争力就大，在市场上的抗打击能力就强。华为、美的强，就是强在内部高度协同的高效运营体系。

像绝味食品、百果园之所以近几年能成为细分领域里面的头部企业，就是赢在超强的基于信息化的敏捷供应链。因此企业要练内功，加大企业运营的信息化与数字化的投入，去构建敏捷的供应链系统，去提升客户价值实现的速度，并实现总成本最低。这是企业熬过严冬最主要的"活法"，也是一个企业能不能熬过去、活下去的根本和基石。所以我说，未来的企业，赢在供应链与卓越的运营系统。

### 第五项内功：苦练心肺功能，去激发组织的活力，提升组织的生命力

企业的"心肺"功能发达，组织内部充满活力，这个企业就有能量，就有活力和战斗力。企业的心肺功能，我个人认为主要是体现在一个企业的文化管理与人才机制创新上，也就是通过文化管理与人才机制创新去提升组织的凝聚力与活力。

（一）要苦练文化价值观的"践行功"与"落地功"。

企业文化的力量，不是来自墙上的口号，也不是说理念越先进越好，而是要发自人才的内心、扎根于人的行为。让人才能够认同公司的价值观与目标追求，对公司的核心价值观有共识，这样才能够凝聚人才，"力出一孔"。要让文化理念落实到员工的行为上，落实到企业的产品与服务上。

（二）要持续激活人才的价值和创造力。

我们经常讲"树挪死人挪活"，人才内外适度流动和动态的人才最佳配置，可以产生组织新的价值。差异产生落差势能，不平衡激发价值创造的活力，适度的压力与紧张感可以激发人的潜在的价值创造能量。作为一个组织，要提高心肺功能，人才就要能抗压担责，价值分配就要适度拉开差距；以奋斗者为本，企业内部就要有适度的竞争淘汰机制，对没有能力和贡献的人，要无情淘汰。作为一个组织，一定是活力与压力并重，这是高绩效组织战斗力的来源。而组织的活力和战斗力来自组织的团

结、紧张、严肃、活泼，这是组织提高心肺功能关键之所在。

## 第六项内功：要打通经络、血脉，提高组织内部要素的造血功能

这就涉及企业的现金流与要素投入的效能提升。一个企业要打通经络，提高组织内部要素的造血功能，首先要"现金为王"。

我们经常讲"现金为王"，主要是指企业要以经营现金流为王，企业要有持续稳定的现金流入与流出，而不是单纯持有多少现金。一个企业，只要现金流不断，资产具有流动性，哪怕是账面暂时亏损也死不了，尤其是在疫情反复、经营活动时断时续的状况下，手上持有充足的、可支配的经营现金流，既可以熬过去，也有机会去抄底优质资产，成为危机时期的最大赢家。所以，企业要进行资金的风险管理，始终要牢记"现金为王"。

当然，我们所讲的"现金为王"，并不是要将资产全部都变现，也并不意味着不投资固定资产，而是说在经济下行期，企业要尽可能地留足必要的资金，保持企业经营现金流的正常运转，以备维持正常经营生产之用，避免因资金链的断裂，心脏供血不足，而带来企业"猝死"的风险。所以，一方面，要抓现金流管理；另一方面要抓要素效能的提升。

企业也要加大对人才、技术、品牌、资本这些要素的投入，强化要素投入的预算与管理，提升要素的使用效率与效益，这些也是企业内功之所在。🔲

# 好战略从战略洞察开始

■ 作者｜左东旭

　　《孙子兵法》开篇所言：兵者，国之大事，死生之地，存亡之道，不可不察也。好的战略对企业发展起到至关重要的牵引作用。然而，想制订一个好的战略并非易事，好战略是企业根据未来发展预期在现有基础上的主动设计，是企业对认知假设的实验和探索，没有对未来的深刻洞察，就无法制订出好的战略，好战略首先从深刻的战略洞察开始。

## 一、没有真正的战略洞察，战略就不具备指引性

　　很多企业在制订战略时往往会犯一个错误：战略思考浅层化，即在没有很好战略洞察的情况下，就匆忙地制订战略目标和规划，这就导致很多企业的战略不断摇摆，规划年年做，方向时时改，战略不能真正落地，也就不能对企业发展起到真正的牵引作用。因此，我们需要了解为什么制订战略需要战略洞察。

### （一）战略洞察是战略规划的前提。

　　企业战略是未来和现实的握手，需要企业对未来面临的内外部环境形成前瞻性的假设，并根据这个假设进行主动的规划和设计，战略规划和战略执行就是对假设进行探索性试验和验证。正如《孙子兵法》所言：夫未战而庙算胜者，得算多也；未战而庙算不胜者，得算少也；多算胜，少算不胜，而况于无算乎！有了正确的战略洞察，企业才能提前进行筹划，选择发展前景好、成功概率高的战略方向，而如果没有真正的战略洞察，战略本身也就不具备真正的指引性，只能是条件式、应急式的

反应，企业就无法形成真正的好战略。

**（二）战略洞察能够帮助企业提前构建战略优势。**

战略洞察能够帮助企业预见行业存在的新的不对称性机会，企业可以通过这种预见和前瞻，针对这种不对称性提前建立起竞争优势，特别是在行业大的变革来临之际，原有优势企业积累的优势可能不再是优势，反而成为自身发展的包袱，而行业产生了新的战略高地，哪家企业提前占据新的战略高地，哪家企业就能在竞争中处于优势地位。这就需要企业能够提前发现新的演变趋势，提前发现这种不对称性，形成新的战略优势。

**（三）穿越战场迷雾，比竞争对手好一点。**

战场迷雾这个词来自即时战略类的游戏，是指战场上笼罩着一层迷雾让人看不清对手和地形，对可能发生的事情缺乏预判。企业所面临的竞争环境，因为变量太多，要搞清楚推动变革的因素并加以预测，是一件困难且充满不确定性的事情，我们可以把这种环境用战场迷雾来代指。战略洞察，就是要让企业透过战场迷雾，比竞争对手多看到 10% 的东西，企业的战略选择不可能也不需要完全正确，只需要比我们的竞争对手更好一点，就能通过战略规划来放大自身优势，进而逐步积累出更大的优势，积小胜为大胜。

**（四）通过战略洞察抓住机会之窗。**

当用户需求发生变化或者新的技术诞生时，往往会打开新的机会之窗，而成功的企业善于在合适的时间抓住变化所带来的机会。企业不能机会主义，但要善于抓机会，特别是战略性的机会，机会主义与善于抓机会的区别在于是否是企业战略边界内的机会，机会主义抓的机会往往不在战略边界内，对培养企业核心能力没有帮助，也无法培养企业的竞争优势。很多行业的领头羊往往是率先抓住了这种战略性的机遇，这些行业龙头往往也是行业的开拓者之一。正如我们看到的特斯拉，正是马斯克看到了汽车能源从石油向新能源转变的趋势，洞察到汽车电动化转型的机会，在合适的时间点通过收购团队布局电动汽车业务，进而引领了整个汽车行业的电动化转型。

**（五）战略洞察能够帮助企业寻找新的成长曲线。**

在数字化时代，产业变化极其迅速，因此对一定规模的企业来讲，需要在主业务之外培育新的成长曲线，而这个往往需要深入的战略洞察。按照陈春花老师的说法是，企业要同时有两组战略：一个叫**经营级别战略**，主要是在当期的市场中，如何实现目标，获得增长，核心表现在市场战略与营销战略；另一个叫**公司级别战略**，是为成长所做的，是企业面向未来的战略，帮助企业在不确定的环境下，依然有机会找到不同的成长空间。深入的战略洞察，能够帮助企业更好地发现新的成长空间。

> 战略洞察的产生，需要具备一定的基础，也有一定的方法，基于个人理解，有效的战略洞察至少需要从五个方面开始。

## 二、基于这五个方面产生有效的战略洞察

战略洞察不是凭空产生的，是建立在对行业深刻理解的基础上所产生的深度思考，很多的洞察往往来自企业家的直觉。战略洞察的产生，需要具备一定的基础，也有一定的方法，基于个人理解，有效的战略洞察至少需要从五个方面开始。

**（一）战略洞察首先要对行业充分了解并掌握。**

战略洞察需要战略规划团队深入行业，感受和理解变革的前沿，看清楚真正的趋势。作为企业家和中高管团队，不能完全脱离业务一线，要定期地跟行业专家和用户进行交流，感受行业的变化趋势，这样才能够对行业产生质感，进而进

发出直觉，形成对行业趋势的判断。摩尔定律，就源于英特尔的创始人之一戈登·摩尔对行业的充分了解。1967年，摩尔在参加一次行业协会的会议前，亲自准备发言材料，在看到行业统计数据时，对芯片行业的规律形成了直觉判断，进而提出了摩尔定律。充分了解并掌握行业趋势是战略洞察的基础。

**（二）战略洞察要求能够识别影响行业变化的根本性力量。**

战略洞察来自对行业的深入思考，要求战略规划团队能够透过变革的表象深入挖掘，发现真正影响行业变化的根本性力量，是技术、客户需求，还是渠道？并对未来可能衍生的变革，形成前瞻性的认知。很多行业的根本性变化要素基本恒定。如通信行业，每一次底层通信技术的升级，从2G、3G、4G，再到5G，都会带来巨大变化，也带动了行业竞争的变化。2G到3G的升级，带宽的快速增加，让以苹果为代表的智能手机迅速崛起，让摩托罗拉、诺基亚等传统手机企业退出市场；3G到4G的升级，让以小米为代表的移动互联网手机企业，取代了HTC、酷派等很多手机企业的市场。战略洞察就要从识别影响行业变化的根本性力量入手。

**（三）历史往往会重演，但表现形式不同。**

战略洞察对未来的预测，不是凭空产生的，而在于理解行业和企业过去发展的逻辑。每个行业每年都会出现不计其数的变动和调整，但很多变化的趋势，会跟过去变革发生带来的变化有较多相似之处。通过研究本行业或相关行业的发展史，能够为新的行业演化给出指引，让人们对发展趋势的判断有更大的把握性。

从互联网行业的发展历史能够得到启示：2000年左右，个人电脑进入中国家庭，进而带来中国互联网企业的爆发，以百度、阿里、腾讯为代表的互联网企业纷纷在海外上市，成为行业龙头。互联网企业的发展遵循了先轻后重的逻辑，从娱乐、社交开始逐渐发展到电商等。从 2010 年开始，智能手机逐渐大量普及，带来移动互联网的爆发，带动了一大批移动互联网的产品和企业，基本也是按照先轻后重的逻辑发展，从娱乐、社交再到 O2O 企业，并逐步地从线上扩展到线下，形成消费互联网和工业互联网。通过对比可以发现，二者的发展逻辑基本一致。还有很多相关行业也呈现出了类似的发展逻辑，可以通过观察历史去把握未来。

**（四）发现十倍速变化力量，把握战略转折点。**

战略转折点的概念来源于《只有偏执狂才能生存》，英特尔的前 CEO 安迪·格鲁夫详细描述了战略转折点如何打破整个行业的运行状态，绝大多数的战略转折点都伴随着影响产业的某个因素的十倍速变化。在行业平稳期，产业结构相对稳定，后来者很难有机会完成超越，因为领先者已经占据行业制高点；而在行业变革期，后来者有机会超越，需要通过战略洞察来占据新的制高点，而这就要能够发现十倍速变化因素，提前把握战略转折点。

能成为十倍速变化的要素很多，可以从技术、产品、需求、成本、渠道等多个方面来进行思考，重点关注哪些单一要素的变化带动了行业的变革。比如，成本的变动，可能推进行业的上下游一体的整合。如电池行业中锂金属成本的增加，带来电池企业对上游矿产企业的投资并购和整合，进而围绕锂金属进行开采、提炼、合成一体化的整合；而技术的变革，可能让某个环节设备投入的增加，进而带来行业的分工进一步细化，如芯片制造领域对设备投入所需资金量不断上升，目前 14 纳米制程的芯片制造工厂的投入提升到百亿美元规模，传统的设计、制造一体化的企业逐渐承担不起设备投入所需的资金，芯片的代工制造就成为一种必然，也就成为一项单独的业务，于是台积电、中芯国际的出现和发展便成为必然。

**（五）关注行业变革中的标志性企业和标志性事件。**

在一个行业发生大的变革前，总有一些显著的特征，会出现一些标志性的企业和标志性的事件，预示着行业的变化进入到变革前期，这些标志性的企业和事件，往往来自行业的后进入者，它们往往以创新的模式打入市场，可能会带来革命性的变化。

比如，汽车行业从石油向电动的变革，就是在标志性企业特斯拉度过 0~1 阶段开始的。在中国本土的"蔚小理"三家企业进入该行业后，正式宣布中国汽车市场真正迈入了电动车时代，这些企业进入电动车市场的时机，就是在观察到标志性企业特斯拉发展状况后开始的。同样，2021 年中国电动车销量在全部汽车销量中占比突破 10%，这也标志着中国市场正式开始进入

> **在行业平稳期，产业结构相对稳定，后来者很难有机会完成超越，因为领先者已经占据行业制高点。**

电动车替代燃油车的时代，是全球电动汽车发展的标志性事件。2022 年上半年中国电动车市场的爆发式增长就是证明。这种变革的到来，将淘汰一批转型不及时的传统汽车企业，推动全球汽车行业的大洗牌。

**三、借助经典工具建立战略思考逻辑**

战略洞察是在战略分析基础上得到的深层次的前瞻性假设，这种假设的形成需要有一定的内容框架结构，借助经典的战略洞察分析工具，可有效地帮助战略规划者打开思路，建立思考逻辑。

**（一）基于 BLM（业务领先模型）的"五看"工具。**

对战略洞察的形成，目前在管理界比较流行的分析工具以华为使用的 BLM 为代表，通过对五方面内容的研究分析形成市

场洞察，也即常说的"五看"：看宏观、看行业、看客户、看竞争、看自身，对于不同类型的企业，关注重点不同。大行业的龙头企业，重点关注宏观和行业；中小型企业，重点关注行业、客户、竞争和自身。"五看"是对传统战略分析工具如 PEST、SWOT 和竞争五力分析等的进一步的简化，可以作为战略洞察使用的工具，但在具体使用中仍然有一定的复杂性。

**（二）以"供需连"模型简化战略洞察分析框架。**

结合个人过去的经验，围绕战略洞察的思考一定要尽可能的结构化和聚焦化，这样更便于建立思维逻辑。围绕行业的整体产业链来观察行业变革，更容易产生具有创建性的战略洞察，对战略制订也更有指导意义。对产业链的研究可以从常见的"供需连"模型（见图1）开始，即将产业链的上下游按照供应端（技术、产品）、连接端（渠道、媒介）、需求端（客户、用户）三个环节展开，通过将行业变化要素纳入"供需连"的分析模型中，分析变化所带来的影响，判断是否给行业带来革命性的影响，进而产生战略洞察。

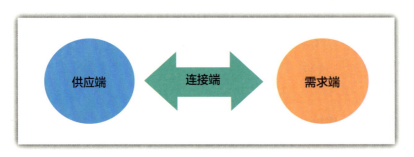

图1 "供需连"模型

**（三）关注需求端的用户结构、用户需求和竞争对手的变化，洞察变革力量。**

对于需求端来讲，需要对用户或客户需求变化进行分析和预测，找出可能的变化，洞察哪些变化会带来革命性的影响。

对于需求端一般从三个方面进行研判。

► 用户（客户）结构方面：我们的用户（客户）构成发生了哪些变化？包括用户（客户）的分布、年龄、心理、收入、偏好、组成等。哪些变化会让行业发生革命性的变革？

► 用户需求方面：用户（客户）的需求发生了哪些变化？用户（客户）新的需求变化趋势和方向是什么？客户的真实需求是什么？哪些是硬需求，会长期存在？哪些是软需求，可能是短期存在？哪些是真正的痛点？哪些变化会让行业发生革命性的变革？

► 竞争对手方面：竞争对手在满足客户需求方面有哪些变化？它们主要满足了哪些人群的哪些需求？满足客户需求的形式有哪些新的变化？这给我们会带来哪些影响？哪些变化会让行业发生革命性的变革？

**（四）关注供应端技术、产品、结构的变化，洞察变革力量。**

对于供应端来讲，需要对行业供应方面的技术、产品、结构的变化进行分析和预测，找出可能的变化，洞察哪些变化会带来革命性的影响。对于供应端一般从三个方面进行研判。

► 技术的变化：行业的技术革新趋势是什么？通用性技术革新？专用型技术革新？这些革新给行业带来哪些变化？哪些变化会让行业发生革命性的变革？

► 产品的变化：行业的产品发展趋势是什么？有哪些创新型的变化？行业成本结构有什么变化？哪些变化会让行业发生革命性的变革？

► 结构的变化：行业中价值链各环节的地位和影响力有哪些变化？行业投资方向和热度有哪些变化？哪些变化会让行业发生革命性的变革？

**（五）关注连接端渠道、媒介和传播的变化，洞察变革力量。**

对于连接端来讲，需要对连接需求和供应的方式，即渠道、媒介和传播的变化进行分析和预测，找出可能的变化，洞察哪些变化会带来革命性的影响。对于连接端一般从两个方面进行研判。

▶ 渠道的变化：向用户分发产品和服务的渠道发生了什么变化？哪些变化会让行业发生革命性的变革？

▶ 媒介和传播的变化：向用户分发信息的媒介方式以及传播信息的方式发生了哪些变化？哪些变化会让行业发生革命性的变革？

**➡ 作者简介**

**左东旭**

华夏基石产业服务集团合伙人、资深项目咨询总监，专注于企业数字化转型、数字化营销、创新战略管理、企业文化和顶层设计方向。

# 用数字技术破解成长陷阱，
# 实现组织转型

■ 作者 | 欧阳杰

### "企业中等规模陷阱"与组织内生的三大矛盾

笔者研究过至少 50 家上市公司连续十年的财报发现虽然这些公司反映其规模的资产和营收等能持续增长，但利润率、现金流、生产率和投资回报等反映其运营质量的指标多停滞不前甚至下滑，只有不到 10% 的企业例外。虽然有很多企业和企业家都追求"做大做强做优做久"，但现实中企业平均寿命是越来越短，而真正能做强做大的企业也是寥若晨星。借鉴国家经济发展中有"中等收入陷阱"的概念，笔者提出一个假说，即企业发展中也客观存在"中等规模陷阱"。

为什么企业发展中会碰到"中等规模陷阱"？因为企业发展到一定规模就一定会面临组织三大内生矛盾：一是老板期望合众为一与员工渴望独立自由；二是决策者和决策损益背离；三是组织复杂度呈指数级增长而员工能力成长速度却慢如蚂蚁。不从根本上破解上述三大矛盾，而只依靠大家奋斗奉献、能力提升和牛人引进，短期也许有效，长期看只是延缓甚至加剧"中等规模陷阱"所带来的危机。

### 用组织建设"三大法宝"破解"三大矛盾"

企业因三大矛盾而陷入"中等规模陷阱"的核心原因是企业的组织能力承载不了老板的梦想，但现实中老板及其管理团队认为问题出在战略不对、执行不力——归根结底是人不行上，然后"对症下药"，在干部任免和绩效激励上大做文章，然而效果并不理想，企业仍在"中等规模陷阱"中苦苦折腾。解铃还须系铃人，解决上述三大矛盾，帮助企业成功走出"中等规模陷阱"，还须从组织建设与组织能力着手，但这对身处"中等规模陷阱"之中的企业和企业家而言，确是"难而正确"的事。

过往的智慧仍然有用且管用，但在数字化时代，我们可更新思维，用先进的数字技术进行组织建设，突破上述三大矛盾。具体的组织建设方法（见图1），笔者归结为"三大法宝"，即一个集团、透明组织和智慧企业。

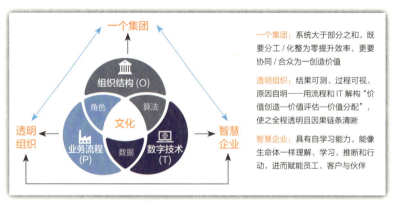

图1　突破三大矛盾的组织建设方法

**一个集团。**一个集团是指公司又"集"又"团"，大家"一个团队，一个梦想"，这样的好处是系统大于部分之和，既有分工/化整为零提升效率，更要协同/合众为一创造价值。其对症的是组织内生第一个矛盾引致的条块分割与山头盛行问题。

如何实现一个集团？工业3.0或信息化时代的做法，是用端到端的流程横向拉通，化一维指挥为矩阵协同。工业4.0和人工智能时代，企业把员工角色要求以及员工之间的协同关系固化在数字平台上，形成一条无形流水线，这条流水线的作用，就像福特20世纪初所创立的生产流水线一样。与之相对应的组织是生态平台，用华为的话讲是"大平台支撑的一线铁三角精兵作战"，用IBM的话讲就是"前端靠前，后端整合，全球一体"，在某国军队那里则体现为"特种小分队"，用《六祖坛经》的话讲，就是"一即一切，一切即一"。"一即一切"是指一个特种小分队甚至一个士兵，承载的就是某国军队的战斗力；"一切即一"是指，某国军队强大战斗力要体现到一个特种小分队中。这是组织的最高形态，演进到这种状态的企业将不可战胜。

**透明组织。**通过流程数字化解构"价值创造—价值评估—价值分配"，使之全程透明且因果链条清晰，在此基础上降低决策重心，使组织更快响应市场和客户需求，更敏捷地实现自我迭代。这是数字化时代下对冲组织内生第二大矛盾的不二法门。

**智慧企业。**智慧企业就是把员工大脑中的经验和智慧以及外部知识与最佳实践沉淀到平台，消化吸收后再反向零成本大范围赋能员工，让员工站在巨人肩膀上看到看不到的世界，做成做不成的大事。智慧企业演进到极致，就是"一即一切，一切即一"：员工在工作中看似一个人在战斗，但武装和支持他工作的是看不见的整个组织的资源、能力与智慧，这就是一即一切；组织能力建设的最高境界，是其所有能力都能应需而变地赋能每一个员工，这就是一切即一。

智慧组织就是具有自学习能力能将内外相关智慧沉淀到组织和平台，让自己能像生命体一样理解、学习、推断和行动，进而赋能员工、客户与伙伴，让大家能以指数级的速度成长，进而克服和对冲前面所讲的组织内生的第三大矛盾——员工成长速度远远落后于组织复杂度增长程度。

### 沿着三条主线实现组织进化与组织数字化转型之终局

数字化时代下组织的数字化进化是沿着组织结构、业务流程和数字技术三条主线，以拧麻花的方式迭代前行。

**一是组织结构。**本质上讲，组织结构是企业基于战略落地、流程执行和问题解决三大需求而对角色设置和权责匹配两者所做的制度性和结构性安排。更宏观一些讲，组织结构无非两个角度，即责和权。责可按同一片责任田有几类眼睛看而区分为三层，分别是一维、二维和多维（或生态）。权可按其类别与表现形式细分为三类，即命令驱动（或职能驱动）、流程驱动和数字驱动。所谓命令驱动就是指员工听命于上级和制度（制度是上级意志的体系化和文字化表达），否则就要受到惩罚；流程驱动指员工按企业总结出来的流程亦即最佳实践行事，旨在追求整体最优；这里所讲的数字驱动不是 KPI 绩效考核与激励意义上的数字驱动，而是指用数字平台"算法 + 数据"得出来的规律或真知驱动和指挥员工行事，亦即规律即权利、真理即权利。

二是业务流程。流程表现为规范和标准，但本质是完成任务的最佳实践，是过往经营的沉淀和总结。企业所有价值均由流程创造，企业所有成本由流程消耗。流程数字化的本质，是先总结提炼适合企业的最佳实践，然后再借助 IT 固化流程、沉淀算法、激活数据，进而实现全程可见、全程学习、全程可荐。需要特别注意的是，流程数字化的标的有两类，需区别对待。一类着眼于把以客户为中心的端到端流程所映射的生产关系固化；一类是把流程关键节点上经验技能亦即生产力算法化。前者通常走软件包驱动的流程信息化如 CRM 和 PLM 等，后者通常是自主开发。当然这里也有一个很大的机会，就是如果行业规模很大，参与企业众多，头部企业如能把生产力一类的经验技能云化，那么这个企业就能就成为一个行业性的赋能平台，因为并不是所有企业都有这样的眼光、实力和魄力去投资生产力算法云化类的平台建设。

三是数字技术。于绝大多数企业而言，并不需要去做原创性的数字技术创新，奉行拿来主义就好。但这并不是说技术不复杂。企业有那么多流程且每个流程上有那么多数据和算法，要用日新月异的数字技术在信息空间孪生企业，涉及业务架构、应用架构、数据架构和底层基础设施，而且还需要考虑安全问题，本身就极其复杂。所以一个优秀的 IT 团队于企业发展而言，其战略重要性并不亚于研发。这中间的逻辑，只要想到数字平台是企业生产关系和生产力的重要承载就能明白。

上述三条主线在组织数字化转型中，是相互缠绕的，业务流程和组织结构通过"角色"缠绕，业务流程和数字技术通过"数据"缠绕，组织结构和数字技术通过"算法"缠绕。上述缠绕整合在一起就是智能化工作流。多个相互关联的智能工作流一起形成平台。这些沉淀了人类智慧的平台以 7×24 小时不间断工作的方式，协同和赋能员工，实现组织熵减。

整体看，组织数字化转型的过程，就是从组织结构、业务流程和数字技术三条主线切入，在角色、算法和数据缠绕升维中实现熵减的过程。

 作者简介

**欧阳杰**

华夏基石集团副总裁、高级合伙人，华夏基石数字化转型升级首席专家，华夏基石大师塾训战专家。

聚焦
CHINA STONE▶▶

　　企业家精神，第一是创新，第二是敢担风险。而国有企业面临的最大的问题是，企业家的创新精神不足，企业家真正敢于担当、勇于变革的意识和领导力不足。

——彭剑锋

# "三年行动"之中的国企：
# 突破发展瓶颈亟待企业家精神

## 华夏基石3+1论坛第38期活动

发言专家：彭剑锋　陈明　何屹　张小峰　王锐坤　雷文龙

策划/主持/编辑：尚艳玲

 **开场语**

2020年发布的《国企改革三年行动方案（2020—2022年）》（以下简称《三年行动方案》）是落实国有企业改革"1＋N"政策体系和顶层设计的具体施工图，是可衡量、可考核、可检验、可操作的实务指南。做好这项工作，对做大做强做优国有经济，增强国有企业活力、提高效率，加快构建新发展格局，都具有重要意义。

作为一家专注本土企业管理的研究型咨询公司，华夏基石始终关注国有企业的发展，每次国企改革有大的动作时我们都会进行一些深入观察和研究。今年是《三年行动方案》的攻坚之年、收官之年，当前，面对复杂的国内外形势，国企的发展与改革还面临哪些突出问题，有哪些"痛点"？我们又能为企业提供一些怎样的管理建议？本辑我们主要围绕这些问题进行探讨。

# 上篇：矛盾与问题研判

## 陈明：国有企业当前突出存在的三个问题

**陈 明**

华夏基石管理咨询集团副总裁，华夏基石产业服务集团联合创始人

咨询师习惯先谈问题，所以我简单地把这几年服务国有企业的实践经验，以及我的观察说一说。

第一，能否顶格应用政策意见。根据我们服务的企业来看，我发现国家层面对国企改革的意见基本上都涉及了，但是每个地方的企业愿不愿意这么做，以及能不能顶格应用，这是一个问题。具体到国有企业的领导班子，有没有这个意愿是很关键的。如果不去顶格应用，就造成了动不动就谈人力资源机制的创新、国企组织的激活，而不能解决真正的问题。

第二，国企效率问题仍有较大提升空间。国有企业是创造财富的重要载体，生产力的问题是一个严峻的挑战。不过，我们发现有一些国企做得非常好，比如，我们服务过的海康威视、广州工控等，它们的活力和效率都不错，但是这种企业还没有在国企中成为普遍现象，目前还都是零星的。

第三，对于发展的思考不够。我感到现在一些地方国企在落实问责制的过程中理解片面、执行僵化，对国企的经营运行带来一定的影响。很多国企的运营基本上都是围绕着问题来，对发展的思考不够。为什么？因为一旦有相关部门进驻审计调

查，所有的发展都停下来了，企业上上下下，尤其是各级领导就是围着查清楚问题而转，没人去想着经营发展了。我认为这个问题是比机制创新、组织激活还重要的一个问题。

必要的问责是需要的，但是如果一个企业把所有的精力都放在问题上，而不去思考发展，只思考所谓的纠偏，就不能解决更重要的发展问题。

目前这几年，我认为这是国有企业发展改革中比较突出的三个问题。

# 王锐坤：干部管理与人才释放
## ——国企发展的两大需求

**王锐坤**

华夏基石管理咨询集团高级合伙人，华夏基石产业服务集团首席人力资源专家，华夏基石干部管理研究院执行院长

最近我正在一家央企做干部成长规律的研究课题，有一些体会如下。

第一，国有企业这一两年在管理软课题的研究上，确实有很多好的探索。

第二，随着中国改革进入深水区，国企这些年虽然取得了很大的发展，但是仍然存在很多矛盾和问题。从国家层面上看，国资委也在主导优化，比如《三年行动方案》，就是要释放组织活力，关键就是机制执行不够坚决。从国资委的角度来说，认为该给的政策我都给你们企业了，你们要用足用好；从国企的角度来看，有一些现实的矛盾又需要时间化解，同时对政策的理解也是参差不齐。我们在做国企咨询项目时，很多时候是

在帮助企业去理解和应用政策。**国企遇到的 70% 的问题不是技术问题，而是如何理解政策、用足用好政策，把政策红利转化为发展动能的问题。**

第三，党的十八大以来，中央也在不断强化企业党建要求，要求加强党的领导。过去很多企业党建虚多实少，形式主义多，现在加强党建是真的要做实做好，把党的领导和党的组织建设与企业经营管理紧密融合在一起。

国资委提出，按照"政治家 + 企业家"培养方向，建设高素质国有企业领导人员队伍。我了解到中央党校和一些机构在十年前就在研究国企如何发扬企业家精神，现在为什么又重新开始研究？——时代变了，环境变了，时代的企业家也应该因时而变。

2016 年，习近平总书记提出，国企领导人员必须做到"对党忠诚、勇于创新、治企有方、兴企有为、清正廉洁"。为什么提到这些？比如，勇于创新就是要改变，"勇于"这个难度挺大，强调的是在改革过程中肯定要面临风险，你敢不敢迎难而上？在现在国企改革机制里，首先要从党建和经营两条线上去思考企业的经营管理怎么能够释放出能量来，所以机制改革还是要强调这个。我们从业务的需求上去理解的话，国企的改革肯定首先要强调变革精神，对创新的要求比以前更高了。

第四，中央对国企干部的要求，其实落实的速度都比较快，包括对干部年轻化的要求，以前是形式主义比较多，现在要求国有企业快速落实，要求创新，要求变革。机制改革从人力资源、管理上来讲，说到底还是围绕着人的问题去解决。

**最近我们看到国有企业有两个最大的需求：一个是干部管理的问题；一个是对解决"卡脖子"技术及相关科技人才成长规律的研究。**从去年年底到今年年初，很多大型央企都已经出台了规定，或者强化了对科技人才的队伍建设。我相信相关部委接下来也会出台一些指导政策。

我的观察结论是：今后几年，国有企业的改革一定是围绕着干部管理、人才释放进行，聚焦于科研人员，尤其是掌握关键核心技术的高级人才队伍建设的需求会比较多，而且是改革的重点。

# 雷文龙：把政策用好、把人激活是基本问题

**雷文龙**
华夏基石产业服务集团咨询项目总监

习近平总书记指出，国有企业是中国特色社会主义的重要物质基础和政治基础，必须理直气壮做强做优做大。这是把经济问题、政治问题的重要性全部提出来了。

从这个背景出发来看，其实从党的十八大以来，国企改革已经形成了"1+N"政策体系。"1"指的是 2015 年 8 月中共中央、国务院印发的《关于深化国有企业改革的指导意见》；"N"指的是 35 个配套文件。在制度创新上，有一个转向，就是要围绕着中国特色社会主义这个大的前提，把遵循市场经济规律和发展规律，建立现代企业制度和中国特色社会主义建设融合起来，形成中国特色的国有企业制度，以增强企业活力、提高效率为中心，提高国企竞争力，这是国企改革的主要方向和任务。

## 回到组织能力建设，把政策真正落实好

如何使制度创新有效，如何提升组织活力，如何提高企业

效益，我认为这是主要命题。我们能看到，围绕这个命题，这几年是政策频出的，如简政放权、"双向进入、交叉任职"、经理层成员任期制和契约化管理、职业经理人聘用、三项制度改革、工资总额管理、公司制改造等。

我认为，现在国资国企主管部门对体制机制的问题已经做了深入而体系化的研究，关键问题是怎么真正把它们落实到位，妥善地用好、完善好这些制度，同时让它们真正发挥作用，这是一个最核心的问题。就是说政策都有，怎么运作得更成功，这就回到了管理上，也就是组织能力建设上。

组织能力建设从战略来说，相当于是一个经验曲线、组织学习、能力沉淀的过程，把这些政策全部用好就是组织能力的一个重要体现。如果说西方是市场经济的典型，那些大企业的发展，其实是把管理能力、组织能力作为驱动工业企业发展的一个根本动力。这样来说的话，我们的国有企业改革，现在这一阶段就应该把整个体系化的政策，结合自身的特色真正落实下去。所谓"说遍千言万语，不如做实事一桩"。**现在的问题是政策太多，如何准确理解和运用又成了问题了。**

## 当前国企组织能力建设的几个关键点

这段时间做了一些调研，有一个现象让我比较关注。很多国有企业融资材料里都有高管人员信息，这涉及组织能力建设的几个关键点。

**一是面对变动的环境，人的主动识别、主动应变，以及解决认知问题的能力很重要。**聚焦企业家、组织结构和人的结构，相当于还是回到人岗匹配的角度。从现在的国际国内形势来看，可预测性和可塑造性越来越弱，基本上是难预测、难塑造，这个时候企业既要有防范风险的先手，也要有应对和化解风险挑战的高招，人的主动识别、主动应变就是一个关键点。

大企业是国民经济的中流砥柱，不同国家间以及国内的大企业之间有点像军事上的物理域、信息域、认知域。物理域好说，是从基本建设开始往上走，从专有的设备、资源开始进行处理。信息域包括数字化、信息化，大家也能认识到。**关键是认知域，物理的东西和信息放在这儿了，我们怎么识别它、认知它，这时候企业家这个稀缺资源就是一个核心的宝贵财富。**企业家是经济活动的重要主体。市场活力来自企业，特别是来自企业家，来自企业家精神。放到国有企业来说，现在的"双向进入、交叉任职"，党委、董事会、经理层这些领导里应该多一些企业家型人才。

**二是非相关多元化业务的危与机。**现在国有企业还有一个特征，就是非相关多元化业务发展得比较多。尤其是最近这几年接触平台公司比较多，非相关多元化业务发展也是一个命题。从早些年的理论来说，非相关多元化业务有"陷阱"的可能，因为规模经济和范围经济都出不来，管理能力很可能也是一个挑战，在短期内是可以做大，但是长期来看往往失败的比较多。所以国有企业在做大的过程中，非相关多元化业务的扩张可能是个陷阱。如果从管资本的角度来看，非相关多元化业务是正常的，那么这又是对总部或者对企业家能力建设的倒逼，倒逼使其必须要提升自己的组织能力，这样才能实现所谓的规模经济和范围经济。

**三是建设开放型组织是一条可行路径。**提升活力、管理创新要从组织建设和人的匹配上来考虑。在环境的波动让预测和塑造都更困难的情况下，就是要靠人的主动性以及人的认知。这个过程中，**生态化、开放型平台化的组织，正好是在可预测性弱、可塑造性弱的情况下一种可用的、有效的协同策略，所以组织建设就是要建设开放型的组织，**这样能够适应市场化、法治化、国际化的新形势新要求，链接内外部资源，尤其是把市场和技术链接起来，把技术商品化，这也是一些大企业发展的根本措施。国企做强做优做大的过程中，这条路径是可以走的，这是一个重点。

**四是总部干部年轻化不能矫枉过正。**劳动、人事、分配三项制度改革一直是《三年行动方案》的重要内容，也是发力攻坚的关键环节。尤其是人事问题，战略定下来了，组织也定好了，人的问题不解决，也是不行的。所谓"政治路线确定之后，干部就是决定的因素"。

有一个现象需要引起关注，一方面，因为出口不畅，造成国企结构性冗员；另一方面，在推进干部年轻化的过程中矫枉过正，片面追求低龄化，特别是在总部。我接触的好几家企业，基本上都是高学历应届生毕业后直接进机关、进总部，他们对业务的理解、对人的理解、对社会的理解、对组织的理解深度都不太够，就出现了一些问题。企业总部的定位是规划、引领、控制，一旦总部能力弱了，认知的天花板就出现了，这个现象也是需要引起注意的。**选拔年轻干部是好事，也是当前必需的，但不能走向极端。**如果在年龄面前一刀切，就可能会淡化德才兼备、群众公认、注重实绩等原则。这既是对中央精神的误读，也是对人才的浪费和不尊重。

## 张小峰：国企啥都不缺，就缺企业家

张小峰
华夏基石管理咨询集团副总裁

### 两种视角下的国企问题判断

从国有企业的视角来看，不管是高层领导或中层管理者，还是员工，我们在交流的时候，发现大部分人更关心的问题是：政策都有了，需要解决的就是当下的工资不够用、薪酬不够高、大家没有活力的问题，以及分配规则的问题，这是国企内部切实的关注点和"痛点"问题。

如果从政府层面或者国企上级单位的视角来看，政府层面对国企的看法构成了整个国企改革的走向和下一步国企发展的方式。实际上国有企业有一个很独特的定位：它是中国特色社会主义的重要物质基础和政治基础，是党执政兴国的重要支柱和依靠力量，是党领导的国家治理体系的重要组成部分。它不仅要履行经济责任，还要履行政治责任和社会责任。

上级机关对国有企业关注的主要方面有以下几个：一是国企如何做好国民经济的"压舱石"和"稳定器"。国资委在国企发展过程当中，首先要求的是保值增值、稳定发展，关注企业的持续健康成长。二是高质量发展，提高经营质量。国有企业必须在落实好国家重大战略的基础上，更加聚焦高质量发展，关注国有企业的经济增加值，关注净资产收益率，关注同行对标。这是上级对于国企的两个基本定位。

在这样的定位之下，党的十八大以后出台了《关于深化国有企业改革的指导意见》，这是叫"1"的文件，后来基于这个问题做了"N"项管理政策，包括混合所有制改革、四会一层的治理结构的完善、工资总额、组织绩效、高管薪酬、对标世界一流、三项行动专项计划、干部任期制和计划管理，以及岗位分红、项目分红、超额利润分享等各式各样一系列的文件。所以现在国企不缺政策，不缺文件。

## 国企发展改革中的三个现象

随着"1+N"的文件越来越多，越来越细，会发现这些文件比涉及民营企业、互联网行业的文件做得科学得多、合理得多。但是，为什么国有企业的发展效果并不尽如人意？

有三个现象值得探讨。

第一个现象，很多地方国企都在做混合所有制改革，也在做核心高管和核心骨干持股，但从我们近5年来打交道的接近15家做过混合所有制改革的企业来看，到最后没有一家企业真正实现上市。当时在做混合所有制改革的时候，大家都觉得这是一个红利，比如，董事长可以拿到1%的股份，虽然这1%自己要出钱，可一旦上市，如果企业市值100亿元的话，就是1亿元的身价。这是很有吸引力的，结果却都事与愿违。

第二个现象，没做混合所有制改革的，做了超额利润分享的，做了岗位分红的，做了限制性股票的，都是"看天吃饭"。行情好的时候，整个行业环境好，跟着就把钱赚了；行业环境不好的时候立马就调头向下。所以不管是我们给企业做的机制，还是他们自己内部做的中长期激励，有一半都没有兑现，就是因为有了机制，但是业绩没达标，好的机制根本就没办法用。当时在做机制的时候，都认为这个机制可行，多劳多得、优劳优得，机制设置得也很精妙，也真正落地了，但是并没有带来业绩的提升。

第三个现象，国企看似整个经营质量、经营效果很好，但实际上把大的盘子剖开以后，会发现很多国有企业的经营质量非常低，ROE（净资产收益率）连5%都不到，如果算上资本成本率，实际是在亏钱的。即使算上社会责任和政治担当，经济这块也是低效发展的状态。

**国企现在的问题不在体制机制上，因为国企在体制机制上有很明确的政策、很明确的规定。**比如，"双板试点""科改行动"，只要你愿意，哪怕不在试点名单上也可以申请，申请以后就可以做相应的改革。但是解决不了根本性的问题，管理机制解决不了经营型的问题，机制做得很好，但是经营还是上不去。

### 国有企业发展改革究竟缺什么

国企不缺体制机制，国企不缺市场资源，国企也不缺一流人才，那么，为什么国企的经营质量和高质量发展不如预期？国企究竟缺什么？

我们研究以后发现，国企在常规动作上做得很好，但是在一些关键点上没有做到位，导致国企改革到目前为止进入深水区，但是没有真正实质性的变化。

**第一，缺的是具有企业家精神的人才。**

为什么会缺具有企业家精神的人才？

第一个问题是没有关注企业家本身的价值。一直以来，企业家精神在中国并没有成为主流精神，官本位在国企中没有完全消除，导致一些国有企业的负责人没有高瞻远瞩的精神，也没有雄伟的胸怀和格局。

第二个问题是绝大多数国有企业领导人任职时间都不太长，基本是三四年一换，能够连续做满两个任期的国企领导很少。这就使得国企领导人只能产生短期政绩，而不可能对企业的发展有一个长期规划并执行。

第三个问题是国有企业缺乏独立性，经营和决策受行政限制较多，在这种情况下，一些国企领导人很容易放弃有着巨大风险的创新工作，自保求稳。很多人因为自己往前迈了一步，结果导致整个职业生涯在体制里基本上断送掉了。

总的来看，国企的企业家群体太少了，所以有这么好的资源，但是没有办法让更多的资源变现，因而经营质量不高。

**第二，缺的是各个领域顶尖的人才。**

国企里面不缺一流人才，但现在这个社会里我们讲的人才不是指一流的人才，而是指各个领域的顶尖人才，这样的人才能去整合资源，才能做更大的价值变现。国企不仅缺掌握关键核心技术、能够站在国际前沿、引领技术创新的高端科技人才，也缺技艺精湛、善于解决工艺难题、提升产品质量的技能人才。

再一个，缺顶尖的销售大师，还缺一些顶尖的管理架构性人才，国企里面有很多一般的管理人员，但没有办法建立起系统的管理体系，实现不了管理红利。当有了一群顶尖的人才以后，就像有了一个团结协作、无比强大的狮群，就能把国企的人激活，改变国企的整个人才生态。

**第三，缺的是业绩导向的文化。**

为什么国企始终处于半市场半行政的状态？跟文化有很直接的关系。

一是受过去计划经济时代的影响，国有企业根深蒂固的论资排辈、平均主义观念还非常有市场。二是国有企业大多是垄断行业企业，或者虽然是竞争性企业，但和竞争对手不在一个起跑线上，因此国有企业效益还能支撑平均主义分配方式。企业在培养选拔一大批有责任、有能力、有胆识的管理和技术骨干的同时，企业也有能力保留甚至提拔一些溜须拍马、讨好上级者，在这种氛围下，业绩导向的企业文化很难真正建立起来。

以上这三个方面导致国有企业目前只是稳步发展，跟着国家的大势、跟着国家的发展享受国家的红利。但从早期对国企的定位来看，国企应该是推动国民经济发展的。当然，也有些国有企业发展得比较好，比国民经济走得稍微靠前一点，比如，海康威视、格力都是国有企业改革创新以后激发了企业家人才，激发了当时的核心群体，所以才带动整个体系慢慢往前走。

# 何屹：充分认识国企的核心任务

**何 屹**

华夏基石管理咨询集团副总裁，华夏基石产业服务集团
联合创始人

"百年未有之大变局"这个判断是成立的，所以今天我们在这个大背景下谈"新格局下国企的组织活力和机制创新"这个主题，非常有价值。对于这个问题，党中央针对性地提出了双循环新发展格局的应对策略。从中我认为要关注两个认知上的误区。

**第一，国企发展的核心任务并不是效率。**

我们先看一下大的背景，有这么四个情况是需要注意的，一是中国经济的低速发展趋势，在未来几十年里是将是一种新常态；二是逆全球化趋势，地区间的对抗、东西方的对抗会成为较长时期内的一个常态；三是不确定性会成为新常态，不确定性说了很多年，但现在它是如此真切地出现在我们普通人的生活之中，比如，疫情、局部战争、极端天气等；四是数字化技术的发展会成为新常态，但目前还没有成为一个新的经济增长爆发点，仍处在酝酿期中。

在这些大背景下，我们现在探讨国企的问题，不是简单地从国企的经营和管理角度去看问题。国企是整个中国经济的压舱石，是中国经济的主体，现在要考虑应对这些不确定性的时候，中央的文件里也强调得非常清楚，稳定肯定是第一位的，稳发展是第一要素。另外，在产业链的布局上、产业链的加强上，各个文件对国企提出了引领的要求。就是说，**现在国家对国企的要求非常清楚，第一要稳经济，第二要牵引产业升级**，包括高新技术、高端产业链方面，这些也都是国企的任务。

　　谈到国企现在面临的问题，面对低速发展和效益增加、效率提升的要求，我个人认为，对于国企来讲，不要太强调它的效率问题，或者说不能对国企唯效率论，但是效益要有、稳定要有，以及产业链上的牵引能力，这是国企需要完成的事情。

**第二，国企在组织和管理方面的优势。**

　　从管理的角度来说，在社会主义市场经济条件下，怎么把中国特色与西方管理科学相结合，不断增强国有经济竞争力、创新力、控制力、影响力、抗风险能力，培育世界一流企业，这个课题是现在国企面临的一个核心问题。我们知道，中国共产党是世界上最成功的"创业团队"，国企天然具有把我们党在组织建设方面的能力传承过来的优势，这是西方大企业、民营企业不具备的先天条件，这是中国国企的优势。

　　过去几十年，中国的企业一直都在学西方的管理哲学，而西方的管理哲学是基于资本主义的制度和文化的，过去基于工业革命、大规模工业组织的实践，他们代表全世界最先进的管理，但未来还是不是最先进的？我认为这是值得探讨的。这个课题探讨清楚了，实际上就解决了我们说的国有企业体制机制创新和组织能力建设的根本问题。

　　企业经营管理行动的来源其实是基础的哲学、基本的经营管理理念等基本逻辑，所以国企发展与改革到今天，我认为最核心的是要考虑如何把那些经过成功检验的智慧和经验，包括党的组织建设经验、优秀的传统文化、博大精深的东方智慧与西方成熟的经营管理理念相融合，探索出一条适合中国国有企业发展的经营管理实践的道路，这是提升国企组织激活、机制创新的重要指南，当然这也是华夏基石这样的本土管理咨询公司能够帮助到国企的地方。我们应该以对中国文化的理解与对西方管理理念和知识技能的掌握，去帮助中国企业推动在这两方面的融合，帮助中国企业，尤其是国企完成中国式管理模式的实践探索。

# 彭剑锋：解决了这 8 个矛盾，国有企业才能高质量发展

**彭剑锋**
华夏基石管理咨询集团董事长

**第一个矛盾：中国特色条件下的企业家与企业家精神的问题。**

这是一个首要的问题。现在研究国企肯定离不开对中国的政治、经济和社会环境的判断，中国国有企业有独特的定位，有独特的性质，有独特的社会责任，是支撑党的重要支柱和依靠，也是中国特色社会主义市场经济条件下经济发展的压舱石和稳定器。国有企业要参与全球化的市场竞争，那么作为竞争性的企业，又必须要有企业家精神，如果没有企业家精神、没有企业家队伍，国有企业就只有管理没有经营了。

企业家精神，第一是创新，第二是敢担风险。而**国有企业面临的最大的问题是，企业家的创新精神不足，企业家真正敢于担当、勇于变革的意识和领导力不足。**这种不足首先来自国有企业本身的特殊性质，因为企业家的选拔机制不是市场化的，国企领导是多重身份，既是政府官员，又是政治家，又是企业家。在中国的国有企业里，做企业家是最难的，对综合素质要求最高，这就约束了国有企业家作为企业家的本能。第一，整个选拔机制不是市场化地选拔真正具有企业家精神的人。第二，即使有企业家精神，在多重身份下最后也把企业家精神磨没了。

目前国有企业之所以谈改革但总也进入不到深水区，就是因为没有深层次变革的冲动和意愿。第一，大家都说国有企业

要大发展，要想大发展，企业家就必须要抓经营、抓发展，但是我们看到的国有企业更多是通过行政力量的资产扩张，很难真正实现新的产业、新的业务的高速成长和发展。第二，国企有任期制，干好了调走，干不好也调走，使企业家没有恒心。这种条件下很难呼唤企业家精神，很难激发企业家的长期价值主义思维，很难激发企业家的深层次的创新变革的冲动。这是两难境地。虽然这几年一直在推行经营层成员的任期制和契约化职业竞争队伍建设，以及中长期的激励，但实际上在这方面没有走出来，因为它本身就是一个矛盾。

要在这么一个多重限制下呼唤企业家精神，在变革中还要让有个性的企业家不出事儿，确确实实是现在国有企业改革的难点。也就是说，既要坚持中国国有企业独特的定位和特色，同时又要呼唤企业家精神，激发企业家精神。**国有企业的深层次改革，国有企业的创新成长，如果这方面不突破，如果没有企业家经营管理团队作为支撑，那么国有企业就没有经营的魂。**所以说，如何在坚持中国特色国有企业定位的条件下激发企业家精神、呼唤企业家精神、保护企业家精神，是国有企业所面临的一大难题，也是第一个命题。

### 第二个矛盾：国有企业如何实现高质量发展，全面提升经营质量的问题。

中国国企现在进入世界500强的已经有将近100家了，改革开放四十多年，国有企业通过体制的改革，通过资产的整合，除了少部分国企外，大部分国企靠产业整合、资本整合形成了超级企业，当然也有很多优秀的国企是靠打出来，是靠创新出来的。国有企业如何从追求大走向做优做强，走出大而不强、大而不优、规模不经济的困境，真正提升国有企业的技术创新能力，提高国有企业产业链的掌控能力，以及在全球产业资源上的话语权，这是国有企业将来高质量发展的几个核心的方面。

经营质量包括利润水平、净资产收益率、全球市场占有率、人均效率等，在这些核心的经营指标上，中国国有企业跟世界级企业相比还是有很大差距的。我们通过对比就可以看出来。国有企业规模做得很大，但是在核心技术上还是被人"卡脖子"，未来中美的战略竞争中，国有企业所面临的最大问题是时刻会被别人在技术上"卡脖子"。现在是技术创新投入不够，顶尖人才缺乏，天才级的技术人才在国有企业这块文化土壤上很难生存。

国有企业未来高质量发展的核心命题是：第一，国有企业全面的经营质量的提升；第二，加大技术创新的投入，现在国有企业技术创新的投入跟华为、跟真正好的民营企业相比，是不足的，顶尖人才、核心人才是短缺的；第三，如何提升在全球产业资源中核心资源的掌控力。这三点是未来国有企业高质量发展的核心命题。进一步说，国有企业如何真正实现高质量发展，如何真正做大做强做优，如何真正提升全球竞争力，提升核心技术的掌控能力和对全球核心资源的掌控力。

呼唤国有企业的活力和潜能就必须要呼唤现代企业制度，尤其是市场化机制的引入。

**第三个矛盾：国有企业的战略地位与民营企业的生存空间的矛盾。**

现在很多民营企业感到生存空间越来越逼仄，尤其是大量的国有企业有品牌优势、资本优势、人才优势，民营企业感到了切实的威胁。所以国有企业未来到底怎么定位？哪些产业必须要由国有企业占主导地位？哪些产业还是要给民营企业以生存空间？

从政策层面上，想通过混合所有制来解决这个问题，但是这几年混合所有制改革的实际效果是，民营企业在混合所有制经济里面基本上没什么话语权。从这一点来讲，国有企业未来在新兴产业、战略性产业、公益性产业中要确立自己的产业定位，同时国有企业、民营企业应协同发展。真正解决就业问题，尤其是大量灵活就业的问题，以及整个社会的活力问题，还是要靠民企，因为国有企业特殊的社会地位和社会责任担当使其活力和效能不可能超过民企。现在很多国有企业靠资金成本低，把资金成本倒给民营企业赚差价，靠这种手段获得盈利能力，如果这种状况发展下去，对中国整体的社会经济发展是不利的，所以国有企业要有所为有所不为，要给民营企业以空间。

**第四个矛盾：国有企业独特的治理与现代企业制度之间的矛盾。**

国企有独特的治理结构，我们要坚持党管国企的原则不变，坚持国有企业在整个社会经济发展中的主导地位不变，但是，呼唤国有企业的活力和潜能就必须要呼唤现代企业制度，尤其是市场化机制的引入。

比如，国企到底是管企业还是管资本？现在提出国有企业要从管企业走向管资本，这个方向是对的，管资本就意味着国有企业内部的治理要走向市场机制，就意味着整个国有企业的领导治理和公司治理要向现代企业制度靠拢，要建立真正现代企业的董事会、经营管理团队、职业经理人契约制度。从管企业到管资本，就必须要引入市场化的机制，所谓国企体制纵深的改革，其实就是要走向现代企业制度，这里面就包括董事会经营班子的选拔、任用、中长期的激励计划。国有企业独特的组织治理与现代企业制度之间的矛盾怎么协调的问题，一直没有解决。

早些年国资委作了两项改革，一项是董事会建设，经营层人才的选拔市场化；另一项是 EVA 考核，这两项制度是国有企业在公司治理上的深层次的改革。一个是整个企业的经营权、决策权、管理权的分离，是决策的问题，如何提高决策的质量和决策的水平；另一个是承认人力资本的价值，就是EVA。如果这两个公司治理的最底层逻辑不解决，国有企业的改革是没法深化的。我们搞了这么多年的国有企业的纵深改革，一碰到这两个东西就走不下去。不对这两个东西进行深层次思考，深层次解决的话，怎么呼唤企业家精神，怎么承认人力资本的价值？但是有个前提，就是整个经营管理团队必须要市场化，只有人才市场化选拔，待遇才能市场化；只有待遇市场化，才能真正吸纳优秀的人才，真正参与市场竞争。这是一个要解决的问题。

**第五个矛盾：国有企业的组织管理与产业互联网时代的矛盾。**

在产业互联网时代、数字化时代，组织变革的趋势是扁平化、去中介化、去中心化、跨界。国有企业目前的组织结构和组织管理机制，与产业互联网时代对组织变革的趋势的要求是相违背的。国有企业的组织、运行的机制不是客户导向，是官本位导向，整个国有企业的程序过多，都是按部、处、科这些级别来的。未来组织要扁平化，要去中心化，是多中心制，而国有企业是单一中心制。为什么高科技企业、互联网企业、生态型企业很难产生于国企？就是因为组织结构不适应。

如果将来国有企业只在传统行业里面生存，是没有问题的。但真正到了产业互联网时代，会倒逼国企必须进行组织变革，扁平化、去中心化、去威权化、跨界融合，解决官僚主义、形式主义，解决与部门墙、"流程筒"之间的矛盾，实际上面临的是产业互联网时代的国有企业的新组织能力建设。

没有新的组织结构，没有新的组织内部的协同机制，没有新的组织的职责分工，没有新的组织的内部协同，国有企业很难适应数字化时代的要求，而且新型的商业模式不可能在国有企业诞生。这些方面涉及国有企业整个组织变革与组织能力建设，尤其是现在强调"生态化＋平台型"组织、敏捷型组织、高效能组织，让一线听得见炮火声音的人去做决策，国有企业整个组织运行机制和组织管理层级跟它是相矛盾的。**所以将来国有企业改革最难的就是组织变革，组织很难适应。**

未来的"战争"是立体化作战，国有企业面对新兴战略性产业、创新性产业的时候，组织上是滞后的，这是我们未来要考虑的。在特殊的国有企业的定位和国有企业商业模式下，组织结构如何变革的问题，也就是如何在国有企业里打破官本位，承认专家权威的问题。比如，航天企业的成功在某种意义上就是承认了专家的力量，发挥了专家的作用，真正打破了官本位，在航天领域最受尊重的是院士而不是院长。我曾跟航天的人开玩笑说，你要是让我去当个地方领导，我敢去，要是让我来你们这里，我真不敢来，别说当领导，就是室主任我也干不了，很简单，没有那种专业能力啊。

> 组织结构如何变革的问题，也就是如何在国有企业里打破官本位，承认专家权威的问题。

### 第六个矛盾：国有企业的人才厚度高与效能低、活力差的矛盾。

国有企业的一大特点是高素质人才在企业的低水平发挥，人才不能获得组织的赋能，人才的内在的潜能和活力被约束了。那么，如何激发国有企业人才的价值创造与人才的创新活力？

我们现在天天谈国有企业的"三项制度"改革，谈了30年了，根子上是国有企业的干部制度问题。整个干部制度如果不从根本上去解决的话，这个问题是改不了的。20 世纪 80 年代我们就在谈，90 年代就办培训班，但到现在还是"三项制度"改革。当然这么多年干部制度改革，也有做得好的。比如，在一汽，徐留平去了以后所有的干部就地免职，全部竞聘上岗。但这就要求首先要有企业家精神，有了企业家精神，敢于担当，国有企业的人才机制创新也是可以做的。

国有企业的企业家精神主要体现在哪里？不怕告状，经得起告状，敢于搞改革。现在为什么一涉及"三项制度"改革就深入不下去？不是说改不了，而是很多国企领导自身经不住检查，一举报、一告状就把领导弄进去了，就改不下去了。当然，要改变这种情况，涉及整个国有企业的绩效体制、激励机制、人才选拔机制等，这里面可以做很多文章，也就是人的激活。

### 第七个矛盾：国有企业改革顶层设计超前与行动滞后、策略和重点不突出的矛盾。

从 20 世纪 90 年代到现在，国有企业的改革理念、顶层设计一直很先进。不过，整个国有企业改革的顶层设计有时候过于理想化，突出表现在理念先进，但行为滞后；系统完备，但策略重点不准、不足，很难实现重点突破、系统突破。总是头痛医头、脚痛医脚，不能渐进式系统推进，这是国有企业现在所面临的很大的一个问题。

当然，国有企业的改革还是要从底层做起，要主动变革，不要等、靠、要。常常是一碰到那些基本原则，国有企业就没法改革，但是可以在三四级单位先改革，让三四级单位经营机制市场化、人才市场化，这是国有企业可以做的，然后把底层最优的经验变成整个国有企业的改革经验。这也是一个难点。

**第八个矛盾：国有企业数字化转型升级上的滞后。**

这种滞后不仅仅是因为数字化的投入不够、不足，也在于国有企业数字化的意识、数字化推进的水平和效果欠佳，到现在没有发现成功的案例。国有企业如何适应未来数字化的要求，加速数字化的转型升级？这也是国有企业的一个问题。在数字化时代，国有企业如何进行新一轮的认知革命、知识变革、管理创新、机制创新，这些都是国有企业面临的全新课题。🆔

# 下篇：方法与出路探寻

## 陈明：破除发展阻碍从用人市场化入手

### 国企与民企是一个生态

首先我想表达一个观点，是关于国企和民企关系的。经过这些年的观察，我认为，国有企业的定位一定是基础性的、长期性的、资源性的，因为国企要承担参与全球产业竞争的责任，而全球产业竞争不靠大体量是竞争不过别人的。要知道西方发达国家靠的是财阀，已有几百年的发展了，欧美发达国家大型企业的产业化跨度特别大，所以我们的企业参与国际性的综合竞争，主要定位于国企，那民企主要的定位也已经很清楚，就是大力发展"专精特新"。

我不太赞成把国有跟民营对立起来，或者说国有的空间大了就挤占了民营的空间。换个角度来看，国有和民营其实是相互依托的，尤其是国企其实也是民营企业家的"孵化器"。比如，很多民营企业创始人原先都是在国家事业单位或国有企业的，在某个技术快成熟、快市场化的时候，他们带着团队跳出来自己干了，这种情况也是非常多的。一项技术真正离市场化比较近，马上要收获了、要变现了，这时候往往是民营企业的优势了。当然，要解决好知识产权的问题，不要引起法律上的纠纷，不要造成国有资产流失。所以，不要把国企和民企之间定位成零和博弈，它们其实是一个生态。

### 发展得好的国企有哪些经验

从我本人比较熟悉的国企，如云锡股份、广州工控、京东方、中国航天的实践来看，为什么它们能做得好？有没有可以借鉴的地方？

比如，京东方的王东升把一个产业做起来了，做出了LED屏，不然的话我们受制于韩国三星、LG，压力会非常大。同样是国企，为什么王东升能带着京东方坚持十几年把这个产业做起来？再比如，对中国航天我印象特别深的就是20世纪90年代到2000年年初大胆起用一批年轻人，他们后来都成了将帅之才，这是人才角度上的。从治理角度来讲，中国航天讲究"技术民主"，这也符合数字化时代的特点，突出了决策的专业性。还比如，广州工控对于我们的启示是市场化机制，在他们看来，不要老说机制创新，其实政策都有，就看敢不敢顶格用，强力推进市场化机制，首先就是用人机制的市场化。云锡股份也是这样，一把手带头，他有企业家精神，就是要改革，哪怕改革阻力特别大，也要干点事。

我认为，目前国企发展的突破口一定是在于两个方面。第一个突破口，是用人必须市场化，尤其是具有企业家精神的人才；第二个突破口，是国企上级管理部门的态度。举个例子，现在广州工控的任何改革首先要取得上级部门的认可，我们给他们出了一个主意——搞特派员制度，上级部门派一个特派员到企业来。因为企业要市场化就要有具有企业家精神的人，而这样的人往往想法也多，需要被包容，对此，关键的一点就是上级部门能不能顶住压力，不能上纲上线，这是国企上级部门的态度。当然，每个地方不一样，差距还非常大，这两个方面怎么协同起来也非常重要。

### 体制机制改革取决于人

进入深水区以后，国企本身怎么去改革，怎么去发展，根据我的观察，取决于三个方面：

一是一把手的作用。我发现有一个非常奇怪的现象，一把手越年轻改革意识越强。如果一把手年龄较大，在位置上是为了养老，或者是享受补偿，比如，干一届就退休，或者提高收入，那他基本上就会求安稳，不会改革了。所以如果要想突破，一把手最好选择比较年轻的干部，他是锐意改革的，也敢政策顶格用。

二是用人的问题。云锡控股就是坚持内部一定是市场机制、业绩导向，发挥市场机制的作用。这是一个突破口，这也是一个技术活，专业的人干专业的事。很多人还没有搞清楚一个概念，实际上所有制并不特别的重要，并不是问题的核心，而怎么去控制这个企业用人的市场化机制才是核心，其对企业的效用是超越所有制的。现在大家一谈到改革，总是为所有制所困，其实我觉得可以跳出来一点儿，不要完全被这个现实条件所束缚。

三是内部导入用人的市场机制。举个例子，广州工控是国资委控制薪酬，但只控制核心的一两个人，其他人完全逐步推进市场化，这就是比较合理的。内部用人市场化机制的问题矛盾点在于，并不是都不让搞，而只是针对主要干部。在广州工控，有的人为了避免受体制的束缚，辞去公职再返聘回来，自己不要国有身份，就是一个社会人才，再招聘的时候按照市场化机制来操作。广州工控作出了一个表率，很多人为了干事情，不要国有身份了，先辞职，再返聘，这样就是市场化的人了。其实办法都是有的。

总的来看，国企改革表现出来的就是阻力大，各种干预比较多，动不动就检举领导。但如果一把手敢干，又比较干净，上级部门又化解了很多压力，这个改革就没有问题，不是改不动的。如果一开始设计改革方案的时候，就把这些负面干预有效地屏蔽掉，改革仍然可以进行。上述几个改革发展得比较成功的国企，给了我们信心。

# 张小峰：破局从"处长革命"开始

从我们跟国有企业打交道的角度来看，如果要破局，第一要关注企业家团队，第二要关注顶尖人才，第三要做好文化基因的变革。

### 借鉴合伙人机制，向外寻找准企业家

在准企业家人才发掘方面可以参考合伙人的思路，因为很多时候准企业家人才不是内生的，是在外面"野生"起来的。如果有一套类似于合伙人的机制，能够把在市场上已经具备一些经营能力，但是苦于没有自己的核心资源，或没有办法做更大的价值增值的准企业家人才招揽过来，利用"平台＋合伙人"的方式，使其在平台上做改革，平台赋能不添乱。国有企业的"平台＋资源＋准企业家"具备的精神和能力，就是"1+1+1>3"的效果。

所以在寻找准企业家层面，如果只是把视角放在国有企业内部，有可能找不到那些人，或者找的人的数量也不够、质量也不行，还是要打破国有企业的边界向外看。

### 建立专项制度方案，找到并留住顶尖人才

在顶尖人才身上要打开薪酬的空间，炸开人才的金字塔，要有一整套的管理措施。比如，要有顶尖的薪酬回报，要有专项化的考核机制、容错机制，以类似于专项的工作方案，来确保这些核心顶尖人才能够进得来，留得住，干得下去，能干得好。

现在很多国有企业已经开始进行这种方式的改革，比如，会花三五百万元找职业经理人，也会花一两百万元找刚毕业的博士生。河南省已经开始有精英人才的招募计划，国家电网这类企业也有高薪诚聘精英人才的计划。所以还是要建立专项制

度、专项方案，确保精英人才能够真正在企业里面发挥价值。

### 提高领导力、专业性，开展"处长革命"

文化层面，建议加强改革。现在国有企业的文化有很强的惯性，固化了很多不适应新形势的做法等，但固化不能进一步导致僵化，要去改变它。因为固化存在弊端，所以才要更大程度地改变行政导向的文化色彩。

**具体操作方面，可以从以下三个方面入手。**

一是提高干部群体的管理能力和领导能力。当国有企业的领导能力强的时候，本身就会有一个开放的心态，有了开放的心态，企业里面的文化也是开放的文化。我们没有办法一步到位，只能通过长期的过程去提高干部群体的领导力，让他们形成开放的心态，让他们能够站得更高，胸怀能够更大，然后慢慢地改变整个国有企业的基因。

二是要有专业能力。现在很多国有企业是纯粹的科层制、职能制的组织模式，很多现行的做法都是以管控为主，以问题为导向。实际上作为一个职能部门，比如，人力资源部门，职能的专业性不是体现在人力资源部的政策，恰恰是体现在为业务赋能的价值上。我们发现很多职能部门制定政策的人，或者做总部管理、集团管理的人没有这方面的思路，这是因为他们没有这方面的能力，领导力不够，专业能力也不行，所以导致他们在自己的认知范围之内以为提出了很多很市场化的政策，帮助了下属单位，结果反而给下属单位上了紧箍咒。所以职能部门的人要提高专业能力，而且专业一定是以技能为导向、以业务为导向。

三是在文化方面，国有企业要开展"处长革命"。例如，在科层制的国有企业里，最大的症结点不在部长身上，不在局长身上，恰恰是在处长身上，我们开玩笑叫作，"部长踩油门，局长挂空挡，处长踩刹车，科长挂倒挡"。因为很多政策的制定是处长在写报告，哪怕是集团化的国有企业，整个集团体制机制的改革也是这些处长们在推动。所以**国有企业要破局，一定要先破处长的局，真正做到"处长革命"，把处长们的领导力、专业技能提升到一定的高度**，相信处长们可以实现乘法效应和指数效应。一个处长能影响一个集团的某一个业务或职能条线，而当某个条线里所有人都能被调动起来，集团就会进入良性循环，就会越变越好。

国有企业改革任重而道远，现在虽然整体业绩还可以，但并不是基于管理红利，更多的是基于制度和资源。未来国有企业还是要提升自己的组织能力，向管理要红利，要坚定不移地加强改革，因为只有开放、只有改革才会不断增强国有企业的竞争力，只有国有企业有竞争力，未来整个国家的经济才会发展得越来越好。同时，国有企业构建起产业生态、繁荣起整个区域以后，对于民营企业的发展将有更大的推动和带动作用。

# 王锐坤：培养"管企业的政治家"和"讲政治的企业家"

我有一个观点，我们现在做的不是去改变国有企业，不管是国企还是民企，都有其自身的一些特点，都有各自的约束和优势。所以我们一直在说，要在现有的约束和优势下去寻求最优解，才是真正帮助国企解决问题。

## 向红色管理要答案

最近有一个新的模式，就是"中国式管理"。通过跟央企的接触，我们了解到现在国企改革或者是国企顶层的干部管理策略和方向正在"去西方化",或者说我们的优秀的文化内核正在回归。

比如,中组部从党的十八大以来,对央企领导的管理规定,对事业单位领导的管理规定,代表了一种信号:顶层设计方面国家已经设计好了,那就是鼓励和培养红色企业家。什么是红色企业家?就是**"管企业的政治家"**和**"讲政治的企业家"**的融合,**"政治家+企业家"**可能是未来对国企领导的人才画像。

现在从基层到高层一直在强调党性,加强党的领导、党的建设,所以将来选出来的干部一定是政治素养高的人。在国有企业既懂政治,又懂经营,才能把国有企业的效能发挥到最大。中国在改革开放这段时间以来,国有企业是经营导向,过去党内的身份和经营的身份是剥离的,现在要求"董(董事长)、书(书记)、法(法人)一肩挑",就是要求双向进入,一岗双责,这样就把政治责任和经营责任统一了。

党的理念、要求应当与经营管理有效结合起来,二者不能割裂开。这些年其实我们一直在往这方面努力,据我所知,中央党校等机构已经连续做了很多年关于国有企业的企业家研究。以前我们学的是西方领导力模型,这里有一个最大的问题是以经济人作为假设,是商业驱动的,而我们现在讲的是党员、党性,是要讲道德和理想驱动的。而在西方的领导力理论模型里没有这些东西,在中国,在国企里讲领导力,是政治+经济人的假设,是基于政治责任和经营责任共同决定的。

## 向人才规律要答案

以前有人研究过 CEO 的任职周期问题,比如,GE 首席执行官的任职周期至少是 12 年,杰克·韦尔奇上任之后干的第一件事情就是思考企业的长期发展战略,至少 12 年,而他的任期达到了 20 年,所以他有很长的周期可以做长期的事业。现在很多国有企业的规定是不超过 9 年,我认为越是大型的企业,任职周期也要越长，从任职规律来讲，领导至少要有 9 年到 10 年的时间才有可能进行长期的战略布局；而科级、处级的任期 1 年到 2 年就足够了，不需要那么长时间。当然，国企领导的任期也并不是越长越好，超过一定的周期，就可能会进入到职业高原区。这个领域还有很多问题值得深入研究，这个话题以后有机会我们还可以深度交流。

国资委要求推进国企干部年轻化，这给国企的干部管理提出很大的挑战。**过去国企搞年轻化很容易做成运动式，结果就是这一批年轻化解决了，但是同时一批老干部"被牺牲"了。**由于没有从根本上解决问题，这种干部老化的问题隔几年还会再次出现。我们认为这个问题还是要从干部的成长规律上去思考和解决。具体来说：第一，要研究个体的发展和成长规律，现实情况下干部的能力标准和"画像"是什么样的，可以作为我们选拔干部和培养干部的导航图；第二，要研究班子成员，老中青搭配，年轻干部是否能发挥创造性，就取决于在团队领导力这个范畴里是否合理搭班子。

有些国企里，班子配备挺好的，老中青年龄梯次有序、结构合理，能力互补，但是我发现企业业绩表现得一般，后来仔细了解才发现，原来是领导分工出了问题，人员错配，结果不仅没发挥出合力，还相互抵消，年轻干部也没成长起来。所以一个领导班子需要承载的不仅是当下的经营业绩，还应该承担起干部培养、接班人培养的重要责任。

现在很多互联网企业的创始人都是身家上百亿，但年龄不大，这说明"胡子不长，经验不牢"并不是放之四海而皆准的真理，年轻人也能担当大责，人的成长并不是仅仅依据年龄和经验来决定的。我们目前的研究已经有了很多有意义的发现，如果发现管理干部成长的底层逻辑，未来我们就可以规模化地定制管理干部。

中央党校曾经做过干部成长规律的课题，提到了干部在组织中的成长是由三个因素决定的。第一是大的社会环境，包括整个国家的社会大环境给人们带来的机遇；第二是个人成长，个人成长有自然成长的规律，机会留给有准备的人，干部要做好知识储备，能力储备；第三是最重要的、起决定作用的，即组织安排，组织得给干部机会，不给机会历练，干部是不可能成长的，或者成长速度一定很慢。这是未来我们咨询的一个重大领域，要帮助组织去研究一种机制和一种平台，能够更早地识别有潜力的干部、有潜力的人才，在组织里面孵化，帮他们安排一种高效的成长路径，有意识地干预他们的成长过程，帮助他们加速成长。

我们正在研究管理干部的数字化解决方案，将来应用到干部机制和干部培养中可以大大提高我们干部选拔和使用的效果。例如，通过干部画像，利用新的技术对一个人进行深入全面的分析和判断，有助于我们实现干部的早期识别、发现，以及后面的有效培养、科学配置与使用等。我恰恰认为国有企业可以作为全面领导力和数字化领导力干部的最先试点领域，这是个具有长期价值的事情，国企可以干，也值得干，更应该干。

# 雷文龙：聚焦于四个核心要素撬动国企发展

解决国企的问题，首先必须承认大的背景环境是改变不了的，我们只能以这个为前提和基础来思考现在我们要解决的问题在哪儿，从哪儿能切进去。

## 以两个问题为切入点

从大背景来讲，中国有几千年的管理历史。从建党到中华人民共和国成立以来，党的领导、党的建设、国家治理，有很多成功经验，我们不缺成功经验。眼前，有两个问题比较麻烦，无论是企业还是社会管理。

第一，**理论问题**。如何科学定义中国特色现代企业管理制度或者说中国特色社会管理制度的内涵？怎么把经典理论和中国特色的实践结合起来？无论在社会端还是在企业端都没有解决。现在这些问题已经被抛出来了，大家已经有了管理自信的意识，到了一个解决问题的契机期，所以理论问题要解决。

第二，**发展问题**。当前，在全球化受阻、内外部环境波动、人口结构改变等背景下，国有企业的管理面临更大的考验。发展理论，不仅是经济理论和企业理论，更是企业自身的发展理论，因行业不同而不同。

## 聚焦于四个核心要素

第一，**聚焦于变革**。现在外部在变，企业要想活得好，一定要比环境变得快，聚焦于变革。变就是动力，无论如何不能停下来、不能板结住，停下来肯定就出问题，要主动求变。这种变是两方面：一是从上到下的管理变革；二是从下到上的技术驱动。主动求变更多是从管理角度来说，要从上往下引导变革、驱动变革，这本身就是要创造不平衡来创造动力，像西方的兼并、收购、分拆都是在创造一种不平衡，我们要先有这个思想和这个动作。

第二，**聚焦于共产党的优秀宝贵经验**。在社会主义市场经济条件下，企业要聚焦于共产党的优秀宝贵经验，实事求是，理论联系实际，密切联系群众。具体到企业端，要形成具有自身特色的发展理论和路线、方针、政策、制度，这是一个脉络。国家已经把这些方面的哲学上的问题解决了，现在就是怎么和自身的发展实践结合起来。

第三，**聚焦于产业驱动要素**。这几年提倡的发展定位都是要打造产业集群，引领整个产业的升级。无论是国内产业链、全球产业链还是区域产业集群的打造，其实都是放在产业行业端来看的。2021年国家也推出了产业要素市场化的政策，要求土地、技术、资金、信息、人才等几个要素一定要市场化。这个时候如果回到一个具体的企业，就应该围绕着自身的产业发展驱动的产业要素来做文章，把那些具体的管理层面的内容先放一放，更多考虑经营层面上的核心驱动力。

第四，聚焦于核心人才。历史是谁创造的？有人说是人民，有人说是英雄。我自己理解，是英雄带着一群人民，没有英雄的时代一定不会是一个突飞猛进的时代。所以企业一定要聚焦核心人才，无论是企业家还是其他的天才。张维迎认为，法人治理结构和现代企业的规范化管理，天然就带有约束企业家的特征，国有企业又在这种大大小小的约束下，本身确实对所谓的天才、人才带有一定的抑制性，但是还得聚焦于人才，规范性该有还得有，同时也要有一些专门性的关注和专门性的办法，创造一些特区，让人才能够发挥作用。

把这四点作为撬动国有企业发展的核心因素，内部的管理可能现在还是小问题。从理论层面到产业层面，以及到企业飞跃式发展、跨越式发展层面，还是得从外部看里面，把环境和产业要素结合起来做经营，再带动企业内部的管理，国有企业发展问题基本就带有比较强的导向性了。

# 何屹：精神契约、双向结合与开放合作

应该怎么解决国企面临的问题和矛盾？从咨询师的思维出发，我建议把以下三点作为重点，并且要久久为功。从政府主管部门到具体的企业，都是如此。

第一，激发企业家精神，建立红色的精神契约。红色企业家是一个很好的概念，我们要去激发和保护中国国企的企业家精神，不能像西方企业家那样，用资本契约相联系。换句话说，给高薪、给期权股权的方式，这是西方的方式。我们的方式，是不是可以考虑从精神契约的角度，通过授予勋章、荣誉称号等，对企业家进行褒奖。这种契约也是在激发和保护企业家精神，激发的是"红色的"精神。比如，早期有一批红色企业家是成功的典范，他们有的还健在，他们就是践行了精神契约，是典型的有精神契约的企业家。中国国企的企业家是有路线有方向可循的，要从精神契约的角度去激发国企的企业家。

第二，把国企的组织管理和治理架构结合起来。"组织管理＋治理架构"的双向调整不能简单地用组织调整来打破格局。要打破国企现在的所谓金字塔结构，单靠内部的组织调整是打破不了的，那是一个刚性的结构，必须引入治理结构的调整。比如，集团层面按照国企的结构，但是下设的经营单元、业务单元可以采用市场化，搞混改，搞干部的市场化，这样就把金字塔的结构打破了。探讨国企的组织，一定是"组织管理＋治理架构"的方式，单从组织调整去摆布是不能解决问题的。

第三，要开放合作。目前国企在数字化，要素人才、顶尖人才，技术等方面，不管是投入还是孕育发展，都是不尽如人意的。运用生态思维、开放合作的方式是解决之道，国企不能内生的顶尖人才，一定是用合作的方式加以利用，跟外部合作才行；数字化转型、数字化能力在国企的土壤里也长不出来，也需要合作。国企有合作的基础，有资源，有市场，具备所有合作发展的要素，但是还缺乏一大批所谓的高精尖的人才和高精尖的技术，所以一定是开放合作，一定是合作的方式。当然，如何用生态化的结构去构建合作方式，还需要具体探讨。

# 彭剑锋：国有企业高质量发展的7条新路

第一，建立国有企业家新领导力模型。面对经济新常态，在新的不确定性的环境下，在中美竞争的环境下，国有企业有新的使命、新的责任，要赋予国有企业家新领导力的内涵。国有企业家要有企业家精神，以及敢于变革的担当和承担社会责任的担当。所以我们应该提出国有企业家的新领导力模型。

第二，建立国有企业高质量发展的新绩效导向。比如，建立绩效指标体系，使国有企业通过绩效指标和绩效价值导向引领企业健康持续发展，高质量发展。华夏基石曾经向国资委建议要和世界一流企业对标，除了对标世界一流企业之外，针对中国的国有企业，我们要建立一套新的绩效指标体系。

第三，建立国企民企开放合作新发展方式。中国经济有国企民企两支主力军，两者之间不是恶性竞争的发展，不是你吃掉我、我吃掉你的发展，不是二元对立的思维，而是产业生态思维。要充分发挥国企、民企各自在社会经济发展中的地位和作用，把国有企业的优势和民营企业的优势充分发挥出来，使民营企业能拓展生存空间。不管是混合所有制经济，还是国有企业的产业生态思维，都需要国有企业构建产业生态，让民营企业加入生态，通过合作使国有企业变得更加开放。合作不只是产权上的合作，也是业务上、战略上、生态上的合作。可以研究一些做得比较好的企业，探索国有企业和民营企业生态发展、合作发展的一种新的路子。

第四，建立国有企业新的治理变革模式。要把国有企业的组织治理和组织变革跟国有企业的深化改革结合在一起。没有组织治理的变革，国有企业的结构变了也是没有用的，整个领导治理不变化，组织治理不变化，决策机制不变化，背后的组织结构变化也没有意义。当然，这种组织治理和组织变革要符合现代企业制度的要求，要符合现在产业互联网的要求。

第五，建立国有企业新的人才机制。国有企业现有的人要激活，企业家人才和顶尖创新人才要引入培养，这就涉及国有企业的人才土壤的问题、人才机制创新的问题，要创新评价机制、激励机制、分配机制。

第六，建立国有企业提高执行力的新工具方法。要提高国有企业战略的执行力、顶层设计的执行力，找到突破口在什么地方，重点在什么地方，要拿出一些工具方法出来。

第七，建立国有企业转型升级新的核心战略。推动、加大国有企业数字化的转型升级，把数字化转型升级作为国有企业的核心战略，也是需要去探索的。

针对这些问题，不仅要有理念，华夏基石还要拿出一整套系统解决方案出来。

▶ 观点链接

# 从"新"出发，思考国企干部管理课题

■ 作者 | 王锐坤 何屹 华夏基石产业服务集团国有企业改革发展研究中心

　　干部管理是国企改革发展老生常谈的课题，也是国企经营管理的日常工作，但一直以来，干部管理在实践中存在种种有形无形的困难与挑战，在某些行业企业，干部管理甚至已成为国企改革发展的"卡脖子"环节。站在"世界百年未有之大变局"的时代节点上，思考国企干部管理的解决之道，如果再用旧认知画新地图，用旧瓶装新酒，是不可能真正解决问题的。怎么办？只有开展认知革命与新思维，用新瓶装新酒，从"新"出发，才有可能真正找到国企干部管理中的症结所在，真正找到破局之道。

## 一、新形势与干部管理"新课题"

　　我们思考俄罗斯、乌克兰这些国家陷入战乱的根本原因发现，虽然有西方国家不断渗透颜色革命等外因，但核心仍然是内因问题：这些国家受到打着民主自由旗号的西方文化多年全方位侵蚀，大部分社会精英努力奋斗的目标竟然都是投奔西方逃离祖国，这样的国家怎么可能有前途，这样的人民怎么可能有幸福。

　　打着民主自由旗号的西方文化核心是以经济利益为单一导向的资本至上思维。某种意义上也可以说这是资本主义的本质。百余年以来，这套体系由于标准明确，简单粗暴，短期很有利于提升效率和效益，在实现个人或团体的财富积累上效用明显，同时客观上也带动了社会财富的快速增长；但从长期来看，其对社会公平和可持续发展方面带来的负效应更为明显。我们可以清晰地看到其现在陷入的道德困境，企业对经济利益的追求与企业的社会责任和使命坚守出现了经常性的矛盾与碰撞，短期利益与长期利益如何平衡？实用主义与理想主义如何选择？是资本至上的西方体系并未真正解决的课题。例如，在《盐糖脂》这本书中，作者揭示了超市里面琳琅满目的美味食品背后是雀巢、家乐氏、卡夫、可口可乐等耳熟能详的大企业，是如何利用现代科技技术，在明知道过度的糖、脂肪、盐可能会影响人们健康的情况下，仍然吸引消费者上瘾，不断地消费，由此引发消费者心血管疾病、高血压及肥胖等，进而给社会带来极大的灾难。

从社会层面回归到企业经营管理层面，我们发现问题有相似性。**改革开放以来，国企的市场化改革一度让很多人把国企当成一个纯粹的经济主体，忽视了国企的社会责任担当，这是需要反思的问题。**强调经营责任，强调市场化意识并没有错，但是忽视了国企应有的社会责任和担当就比较麻烦了。中国的国企不仅是经营性组织，而且还是社会主义企业，国企涉及国计民生的各个方面，在国民经济发展中要起到基础性、主干性、支撑性和引领性的作用。

国企干部是国企发展的关键要素，国企干部的能力，对国企的兴衰成败具有重大的影响。党的十八大以来，国家不断强调党的领导，强调政治标准，就是要强调国企的政治担当，强调国企干部的政治素养。最大的政治就是民族复兴，人民幸福，只有在这种使命驱动下的组织，才能超越商业利益，以社会价值最大化而不是单个企业的商业价值最大化作为战略依据，这就是由我们国企独特的定位决定的，也是我们的制度优势。

## 二、新时代需要干部管理的新思维

毛泽东同志强调：政治路线确定之后，干部就是决定的因素。邓小平同志也曾指出：正确的政治路线要靠正确的组织路线来保证。党的十八大以来，习近平总书记也从战略高度对年轻干部的培养选拔作出了重大部署，"国企领导人员是党在经济领域的执政骨干，是治国理政复合型人才的重要来源，肩负着经营管理国有资产、保值增值的重要责任"。

马克思主义认识论告诉我们，事物是发展变化的，矛盾不是一成不变的，不同的发展阶段有着不同的主要矛盾。不同的时代，面对不同的矛盾，干部管理也需要因时而变，因需而变。

2017 年 10 月，中国共产党第十九次全国代表大会上，习近平总书记庄严宣告：经过长期努力，中国特色社会主义进入了新时代。"十四五"是中国构建新发展格局的第一个五年规划，"十四五"时期构建新发展格局，是按照目标导向和问题导向的结合来确定重点的。**如何客观正确地理解发展阶段的主要目标以及面临的主要问题，是我们思考国企干部管理的起点。**新时代，面对这艰巨而光荣的战略目标，国企干部应该具备什么样的素质能力？应该构建什么样的制度机制和成长路径来推进国企干部队伍建设？这都是新时代思考国企干部管理的新思维。

## 三、新时代需要干部管理的新理论

以干部的能力标准体系建设为例，从企业的经营管理基本逻辑来看，能力是可衡量的责任。**要重新定义国企干部的能力标准，就必须厘清国企干部的责任逻辑。责任逻辑不同，国企干部的能力标准方法论也必然有所差异。**

一直以来，我们做干部能力研究的方法论都是源自西方的领导力理论。其假设企业的经营是为了股东利益最大化（也就是资本至上的另一种说法），企业经营的目的就是以经济目的为导向，这是企业管理层的使命与责任。领导者的行为逻辑是基于经济人的假设，这套逻辑在资本主义的市场经济环境下运行了上百年，当然是具有一定合理性的。

但与其他企业不同的是，中国的国企有三大责任：政治责任、经济责任和社会责任。国企作为"国之重器"，国民经济的"压舱石"，肩负的政治责任是超越经济责任的，政治责任是范围更宽泛、时间周期更长、维度更高的责任体系。也就是说，虽然国企是一个经济主体，但是其承载的使命与责任是高于经济利益的，可以理解为其是代表国家（各级政府）的一种利益诉求。这样我们就能理解，为什么一些国企的战略决策和业务决策并不是完全以经济利益最大化为原则，当社会责任或政治目标大于经济目标的时候，那么经济利益就必须从属于社会利益和政治利益，这就是大局观。

有一次跟一家做地方城投的国企交流，他们提到，上级领导明确表达过，公司的战略必须要服从于政府的战略，必须要为地方政府的产业布局和招商引资提供重要的支撑，哪怕不盈利，甚至亏损；与此同时，这家企业的一些可以赚"快钱"的非战略业务，如上市公司的投资收购、短期融资等业务，都已经被叫停了。类似的经营决策如果单纯从市场化的企业经营角度出发，就无法解释其合理性。

另外一个体现国企担当的例子就是"卡脖子"技术攻关。这种投资风险巨大，周期较长，技术基础薄弱，但是这种技术关乎国家产业安全，必须要有人做，不计代价也要坚持投，一直投，如果没有更高的政治站位，是不可能做出这样的决策的。其实，美国也做过类似的事情，当年英特尔公司赌博芯片技术，就得到过美国政府的专项基金支持。

正是由于责任体系逻辑的不同，中国国企的干部标准就无法完全按照西方的理论体系去建构，国企的干部管理正在回归以马克思哲学体系为核心的范式。这种能力体系是按照"政治＋经济人"的假设建构的，因此国资委提出要打造"懂经营的政治家"和"懂政治的企业家",既要熟练掌握市场规律,善经营,又要兼具政治品质和政治素质。

基于这种假设,能力在使命和责任的维度展开,这就要求国企管理者的能力素质需要包含超越经济利益、个人利益的价值关怀与使命诉求。习近平总书记强调,选拔任用领导干部,"如果政治不合格,能耐再大也不能用",讲政治,懂政治是国企领导的基本职业素养。

### 四、新时代好干部的新标准

党和国家历来重视干部标准建设问题。2009 年印发的《中央企业领导人员管理暂行规定》(以下简称《暂行规定》)在推动中央企业领导人员队伍建设方面,发挥了十分重要的作用。

2016 年 10 月全国国有企业党的建设工作会议上,习近平主席对国企干部提出了 20 个字的基本要求,即:"对党忠诚、勇于创新、治企有方、兴企有为、清正廉洁"。2018 年中办国办印发的《中央企业领导人员管理规定》(以下简称《规定》)则鲜明地将"20 个字"的基本要求写进总则第一条。国企好干部"20 个字"的基本要求,是国企优秀干部的重要标准,是新时代做国企好干部的根本遵循。

通过比对,我们了解到《规定》中最大的改变就是重点强调了要强化政治素质,坚持好干部标准,把政治标准放在第一位,如果政治不合格、不过硬、靠不住,能耐再大也不敢用。

值得一提的是,华夏基石基于多年国企管理咨询的经验,开发了将政治素质作为一个单独能力群的能力模型库,为国企干部标准和能力素质模型体系的建设提供了有效的工具方法保障。华夏基石研究认为,政治素质和胜任能力(管理素质)概念和内涵上既有重叠又有差异,重叠是因为底层的内涵是一样的,差异是因为政治素质和管理素质是两套不同的行为规范,而落实政治素质和管理素质就需要有相应的应用场景,一岗双责就是一个重要的责任依据。我们将相关典型行为进行了全面梳理，大致可以分辨出来 70 多项行为指标，随后对这些行为指标进行合并和裁剪，最后将政治素质单独作为一个能力群，完善了支撑国企干部队伍建设的能力模型库（见表 1）。

表 1　　　　　　　　　　　国企干部队伍建设的能力模型库

| 管理他人 | 管理组织 | 管理业务 | 管理自我 | 政治素质 |
|---|---|---|---|---|
| 沟通协调 | 人际影响能力 | 客户导向 | 勇于担当 | 政治忠诚 |
| 关系处理 | 人际理解能力 | 问题解决 | 执行力 | 政治定力 |
| 团队合作 | 建立关系 | 战略思考 | 进取心 | 政治担当 |
| 影响力 | 组织能力建设 | 系统思维 | 学习力 | 政治能力 |
| 组织认同 | | 前沿追踪 | 诚信 | 政治自律 |
| 沟通协调 | | 条理性 | 敬业奉献 | 政治判断力 |
| …… | | | …… | 政治领悟力 |
| | | | | 政治执行力 |
| | | | | …… |

## 五、新时代国企干部的新画像

　　素质能力模型一直被作为确定企业干部管理标准的重要技术。从我们近些年管理的实践了解到，虽然很多企业都开发了一套管理者素质能力模型，然而实际应用效果并不理想，原因大概有这么几种。第一，素质能力模型的行为描述抽象，不容易理解，无论是用在人才选拔，还是人才培养上，都需要很强的专业能力，在企业中不容易被广泛应用；第二，以往我们做的管理者素质能力模型大多是基于管理职层，即以高管、中层管理者等为对象，更多的是通用能力标准，有的企业为了覆盖更多的管理要素，就把公司的素质能力模型做得比较复杂，多的有十几项，以至于在实际操作中，又不容易抓住重点；第三，素质能力模型是基于企业的商业驱动，当商业环境变化的时候，素质能力模型也应该随之而变，事实上很多企业并没有自己修订的能力。所以素质能力模型标准在企业内部的应用不尽如人意就很正常了。

　　用管理者画像技术来覆盖素质能力模型是一个很好的模式。

近几年管理者画像的提法比较流行，原本画像是借鉴互联网行业的对用户描述的一种技术，是人力资源领域的一个"舶来词"，事实上管理者画像在业内并没有权威的定义，有时候更像是一种思维，我们这里把管理者画像作为一种技术工具。

管理者画像并不是基于好干部的描述，而是对管理者进行定义或者扫描的关键要素集合，用管理者画像技术对干部进行扫描，也只是进行全要素的评价或者测量，而非判断。当我们对管理者画像的各个要素进行赋值和定义以后，才可以作为干部标准。

以下是华夏基石的一个国企管理者画像框架（见图1）。

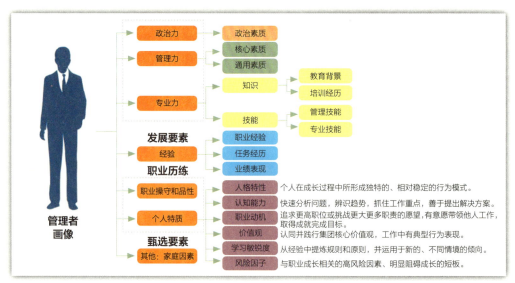

图1　国企的管理者画像框架

从以上框架可以看出，管理者画像是全要素架构，包含素质能力模型的内容，因此管理者画像其实在管理者的内涵上进行更为丰富，更为全面的描述，当然管理成本也更高，因此，一般主要应用于管理干部和核心人才。

管理者画像技术并不是一项全新的技术和方法，而是用一个全面的框架把管理者的各关键要素整合起来，根据不同的应用场景选取不同的要素。例如，在做盘点的时候，不仅可以选取历史的信息作为参考，还可以通过个人特质中的学习敏锐度等要素来分析该干部是否具有成长的空间，甚至可以通过履历档案了解该干部以往是否具备某些特殊的技能与历练，从而更加客观、准确地获取相关信息，以做出更加合理的决策。

### 六、新时期国企干部成长的新规律

研究个案的时候我们发现，表面上看很多干部的成长都具有其一定的偶然性，每个人的成长历程都不可复制，其发展机遇更具有偶然性，但并不妨碍我们去探寻干部成长的客观规律。

这里有必要解释下"规律"。辩证唯物主义对它的定义是：规律是事物发展中本身所固有的本质的、必然的、稳定的联系。"固有的"和"本质的、必然的、稳定的"比较好理解，大家也能接受，但常常忽略"联系"。我们是这样理解的：**一定不能忽略干部的成长是受到众多要素共同作用耦合而成的，干部的成长并不完全取决于自己，还包括成长的社会、组织和政治环境，尤其是组织环境，在干部成长过程中起到至关重要的作用。**

工业化时代，强调干部的"同化"，通过统一选拔、统一培训、统一评价的方法来规模化地批量开发和培养干部队伍，这样"生产"出来的干部背景相似，思维相仿，同一个组织，同一套思维，大大提升了组织执行力。这个模式很成功，并不能完全摒弃。但是，随着数字化、数智化等科技的演进，世界进入了 VUCA 时代，"同化"模式培养出来的干部就逐渐显露出来对新环境的不适应了。"十四五"规划期间，有很多客户跟我们反馈这种战略困惑与迷茫：问题都能看到，目标也很清晰，但干部不知道该怎么做！过去习得的解决问题的思维模式、方法和经验现在都不好用了。

对此，我们提出的方案是：**用干部的多样性应对环境的不确定性。**

未来的世界是一个用多样性应对不确定性的时代，国企的应对之法就是干部队伍的多样性。我们首先要承认千人千面——个体是千差万别的；其次仍然要实现高效培养——大规模精益培养，不仅要批量化，还要精准化。因此研究干部的一般性成长规律才是解决问题的"真经"。

所谓的干部成长规律研究主要包括：①一套关键要素：影响干部成长的关键要素，包括外因和内因；②一套关键指标：评价干部成长规律的关键性指标，包括看得见、选得准、长得快、用得对、干得好、做得久；③一个科学方法：放之四海皆准的一般性规律可以给我们提供一个方向和原则，例如，习总书记提到，干部必须要经历过急难险重的工作历练，要勇于去偏远艰苦的地方磨砺，要从基层稳扎稳打等，但是具体到一家企业，研究方法还必须要结合企业的产业特点、企业的发展阶段、经营规模、文化特色等。

有些企业也在培养复合型干部，因此频繁地调动干部，实行所谓的轮岗历练，但是缺乏对轮岗的有效规划。无序的轮岗只会造成资源的浪费，干部走了一圈，履历倒是丰富好看了，但是并没有练出真本事，这就是缺乏规律指引的结果。

举个例子：我们曾经为一家城市商业银行机构服务，由于快速扩张，管理干部严重缺乏，客户就向我们提出了一个研究命题：怎么选拔和培养分行行长。我们把这个命题分为了三个内容：第一，分行行长应该具备什么样的能力标准；第二，分行行长是怎么选出来的；第三，如何培养合格的分行行长。

我们经过内部的深度调研与访谈，同时也对业内的其他金融机构进行标杆比对，结合内外部的最佳实践，初步总结出来一个分行行长的典型成长路径模型。从大学毕业进入银行，从柜员到行长，最快的周期是9.6年，最优的周期是12~15年，一个成熟的行长任职周期是6~10年，并基于这个模型，构建了一个动态的人才库，从新员工进来就开始识别、观察，在培养和使用中不断更新名单，为银行关键岗位的人才培养提供了一个有效的方法（见图2）。

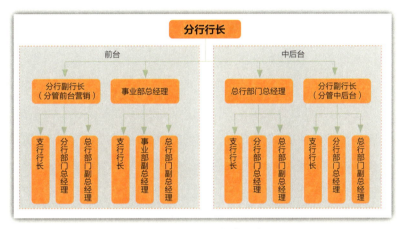

图2　分行行长培养方法

不同的时代背景，不同的业态，不同的发展阶段，不同的战略和商业模式下，干部政策各不相同，管理干部成长的规律也必然各有差异。管理干部成长的一般性规律，具体到不同的组织中，还要契合各组织自身的特点。因此，规律的研究重点在于解析各关键要素是如何产生正向耦合作用的机理。

管理干部的选育管用过程是一个完整的链条，唯有充分遵循管理干部成长的发展规律，科学规划，合理用人，才能让更多有潜质的优秀人才脱颖而出，展其才，创其业，建其功，形成管理干部体系良性循环。遵循客观规律，才能事半功倍。

## 七、新时期国企干部队伍的新生代

所谓干部队伍新生代，指的是干部队伍年轻化的专题。干部年轻化这个提法并不新鲜，但是每隔一段时间都会被作为管理目标提出来，结果是干部年轻化经常会被操作为"唯年龄论"，把手段当目的。

在实际操作中，年龄作为干部选拔或者晋升的一种前提条件，把干部年轻化简单等同于干部青年化。在企业内部，干部年轻化更像是一种脉冲现象，每隔几年通过"干部年轻化"的选拔，改善整体干部队伍的年龄结构，但是过了几年，组织的干部队伍年龄又进入了老化状态，于是又进入下一轮的"年轻化"运动，并没有真正地解决问题。

我们首先要明白干部为什么要年轻化。第一，由于自然法则的作用，年龄增长到一定时候，人的体力和智力水平必然下降，不可逆转地造成才能衰退，年轻干部是党和国家事业发展的生力军，代表未来的发展潜力，党和国家一直都对年轻干部的选拔与培养非常重视，习近平总书记每年都会在中央党校的中青年干部培训班上做重要讲话；第二，提拔年轻干部，也是为了以老带新，让经验丰富的"老干部"带一程，扶一段，有助于年轻干部能快速健康地成长，年轻的干部重在培养，而不是使用；第三，干部年轻化还有一个重要的原因，时代发展太快，短短几十年，我们已经跑步跨过了信息化时代，进入了数字化时代，年轻一代是数字化时代的原生态居民，思维更加灵活，有助于提升组织的"数商"。

管理干部要用当其时，用其所长。领导学的研究表明，干部出成果，受岗位和复杂的社会环境影响比较大，组织的干预与管理是年轻干部成长的关键要素。因此干部年轻化对于国企而言，最大的挑战就是如何准确地发现和甄别处于"最佳年龄区"的潜才，一方面，降低潜才干部的潜能消耗；另一方面，通过科学的方法实现干部的有序开发，才不至于突击选拔，为了改善年龄数字去实现"干部年轻化"。真正落实习总书记提出的源头培养、跟踪培养和全程培养。

创业成事，干部先行。在新的变局下，老生常谈的国企干部管理问题，需要从"新"思考，新的思维、新的理论、新的标准、新的模型、新的规律以及新鲜血液，这是新时代的新课题，还有很多的研究需要不断地深入探索。🅘

# 航天系统为何能"良帅如云"
## ——航天人才工作经验的三点启示

■ 作者 | 王伟　中国人力资源协会企业分会副会长，
原中国运载火箭技术研究院人力资源部部长

近期，我国航天事业捷报频传。"太空出差组"三名宇航员的顺利回归，"天舟四号"实现轨道对接，长二丙运载火箭"一箭三星"成功地将三颗卫星送上了预定的轨道。有朋友发信息说，"现在什么都在下行，只有航天的上行给我们信心"。中国航天是中国综合国力的集中体现。我在航天一院（中国运载火箭技术研究院，中国航天事业发祥地。——编者注）工作期间，与彭剑锋教授及其团队一起研究过航天事业成功背后的人的因素，中国航天的成就充分体现了"人才高度决定事业高度"。中国航天在出成果、出经验的同时，培养出大批优秀人才，尤其是帅才频出。

大家都知道华为良将如云，但中国航天不仅出"将才"，更出"帅才"。党的十八大以来，从中国航天领域走出来一批省部级领导，以及一批在各大军工央企担任主要领导的同志。在技术领域，航天系统也是"良帅"多多，众多院士、总设计师举不胜举，仅2021年一年，航天科技、航天科工两大集团就有8位"良帅"当选为院士。

为什么中国航天系统能够做到"良帅如云"？这些帅才不仅是在航天系统技术领域成绩斐然，也在政府里、在企业里取得了不俗成就，这又是为什么？从企业人力资源工作的角度来看，"良将辈出，良帅如云"背后的人才管理、人力资源逻辑是什么？航天系统"良帅如云"给我们人力资源管理工作者什么启示？

　　有些朋友可能说了，航天行业比较特殊，比如，国之重器的地位、组织相对单纯等。事实上每个行业都有其特殊性，就像我们个人学习成功人士的成功之道，不可能把他的经验复制过来，而是要学习背后的道理与方法。其中的道理和方法一定可以为我们所用。

　　我从自己的工作体会出发，谈几点中国航天成功经验对企业的启示。

**第一个启示是，要关注人才成功背后的组织底层逻辑。**

　　所谓大道至简，很多道理真的非常简单，在于我们能不能坚持。大家都知道航天的传统精神是"自力更生、艰苦奋斗、大力协同、无私奉献、严谨务实、勇于攀登"，还有"特别能吃苦、特别能战斗、特别能攻关、特别能奉献"等，航天精神就是航天组织的底层逻辑、核心价值观。

　　对于一个组织来讲，首先要建立底层思维逻辑和核心价值观。钱学森钱老在对中国航天进行组织架构设计的时候，他推出"大局，系统，严谨，交底，包容"的文化。这也是航天组织的底层逻辑。

　　怎么理解这五个关键词呢？我举个例子，在航天技术线上，有一句话叫"对上无限责任，对下留足余量"。众所周知航天是一个复杂的系统，在技术设计过程中间、每道工序之间或者每个系统之间都要紧密的衔接，上一个系统或上一个流程留下来的所有的问题，后续流程环节不仅都要解决掉，同时要为下道工序留足余量。比如，整个火箭制造的时候，重量是一个关键指标因素，那每道工序都要尽可能把自己的重量减小，为后续工序多留余量。从技术上又引申到管理上，就是在管理过程中间也是对上道工序留下来的问题全面解决，为后续留足余量，创造更充分的条件。这就要求每个人要有大局观、系统思维，要求工作严谨，跟上下环节无保留交底，能包容上一流程环节的错误，并且要让错误在你这一个环节终止，为下一个流程环节更好的工作质量创造条件。

这个道理说起来并不难理解，关键是一丝不苟的执行。而航天一院就把这个简单的道理坚持一丝不苟地执行了下来，使它成为流淌在这个组织血液里的基因。同时，在这种组织里成长起来的人才，普遍具有大局意识、系统思维、协作精神和"严谨，交底，包容"的工作作风。

**第二个启示是，要探索和应用切实有效的方法论。**

我本人是做技术出身的，做了 11 年的技术工作后转到管理岗，2009 年开始做人力资源工作，马上就喜欢上了这个行业。我一直想要研究一个题目，就是研究中国共产党从成立到取得政权，再到执政几十年来的有效的人力资源管理方法论。

为什么我想要研究这个题目呢？因为我感到中国共产党的很多可以借鉴到企业组织建设方面的方法论还没有被全面地挖掘出来。到目前为止，我们讲党更多是从政治宣传方面去讲，从党建和思想工作方面讲的多，但总结方法论的偏少。我个人的看法，最适合中国特色和现状的，就是我党的理论结合实践的方法论，从建党到夺取政权，再到新中国建设，直到现在我们成为世界的东方强国，在中华民族伟大复兴道路上不断前进，一个贯穿其中的有效方法论，就是把先进理论与中国实际充分结合。企业运用这套方法成功的代表，一个是华为，另一个是中国航天系统。

而讲到**中国航天事业成功的方法论，第一个就要讲系统思维和系统工程**，这是在中国航天事业开创与建设中成功实践的方法论。

系统思维与系统工程的方法论，不仅使中国航天取得举世瞩目的成就，而且在出成果的同时，还培养出了大量的具有系统思维的人才。

有这么一件有意思的事儿，我在一个研究所当党委书记的时候，所里的一位博士到四川凉山一个县挂职副县长，他去了以后就把航天系统思维的一些理论应用到工作中间去。挂职一年结束后，四川省委组织部给我打电话问能不能把这个同志留在他们那里，他们觉得他的一些工作做法非常有效而且很新颖，同时也很贴近实际。这就是系统思维的魅力。

**航天第二个有效的方法论是集成创新。** 创新，并不全是颠覆性创新、原始创新，事实上，把以前的优秀成果、成熟技术集中起来进行新的应用的集成创新才是主流创新。中国航天科技有很多集成创新的优秀成果，就是年轻人追捧的马斯克的火箭发射，其实也是集成创新，马斯克是一个集成创新的大家。

**航天第三个有效的方法论是技术民主，以及从技术民主延伸出的管理民主。** 技术民主也是钱学森从他的老师那里学习过来的，有一次钱学森和他的老师冯·卡门争执一个问题，冯·卡门认为钱学森说的不对，但第二天一早，冯·卡门就过来跟钱学森道歉，原来他回去仔细核实后证明钱学森是对的。这说明在技术上就是专家权威、数据权威，没有论资排辈。

这个类似的故事也发生在钱学森身上，在中国航天事业开创时期，钱学森每天都要给青年技术人才讲课，有一次在讲到一个理论问题的时候，钱学森的观点当时受到一个青年的质疑。后来钱学森发现这个青年说的是对的，他也马上道歉。

而在**中国航天，从技术民主延伸过来的管理民主，也是航天组织成功、人才成功的方法论。** 当然在管理民主上，我党非常有发言权。"三湾改编"时提出把党支部建在连队上，这是加强了党的领导，我认为同时是让普通的战士感受到了当家做主，有党支部这么一个途径、一种组织让他能发表自己的意见。

管理民主也是让每位员工都成为主人翁，干自己的事和给别人干事，那肯定是不一样的。

**航天第四个有效的方法论是"归零"。** 我们从技术上叫"归零"，现在流行的说法是复盘。

航天的"归零"，一是质量归零，因为质量的保证对航天产品来讲是关键之关键，质量归零要求定位准确、机理清楚、问题复现、措施有效、举一反三，是一整套闭环复盘的逻辑与方法。二是管理归零，要求过程清楚、责任明确、措施落实、严肃处理、完善规章。管理归零过程中绝不推卸责任。

从航天系统调任地方的领导，当时在处理工作尤其是紧急事件时，均充分应用了"管理归零"的原则，责任明确，绝不推卸责任，同时严格处理，完善规章。

如果切切实实能做到"归零"，我认为不管对于一家企业还是对于个人来说，都可以真正实现不断进步。在企业发展过程中，在个人成长过程中，总会遇到各种各样的问题、犯各种错误。遇到问题不可怕，在于我们能不能有效地解决这些问题，不再重复地犯类似的错误，同时为避免后续再出现类似的问题，要形成规章，形成制度。

**第三个启示是，人才队伍建设是人力资源工作的重中之重。**

为什么航天系统里能涌现出那么多的"帅才"，而且他们离开航天这个组织，依然很牛，仍然能主导一方；同时，牛人离开组织，组织仍然很牛！不像有些企业，能人离开后马上就不行了！这与人力资源工作是离不开的。一方面，老老实实把选、用、育、留这个人力资源最基本的工作做到位、做扎实、做出成果；另一方面，抓住人才管理的关键：核心人才、核心业务、专家中心，围绕这些关键点建机制、做工作。

第一，是人才的"选用育留"。

在"选"这方面，品格与能力，这是两个重点考察维度，再一个就是来源保证，航天的人才基本来自国内重点高校。

在"用"的时候，有一点非常重要，我们在《中国火箭人》这本书里也讲到，在采访这些"帅才"时，他们有一个普遍的体会，就是组织敢于给年轻人压担子，敢于破格提拔，敢于充分信任。航天那么大的集团，30 多岁就能担任一把手的也有不少人，像张庆伟、许达哲、马兴瑞都差不多是在 30 多岁时就担任某个大机构的一把手。

当然，这里面也有时势造英雄的因素，回想一下抗日战争时，中国人民解放军军队刚建立起来时，20 岁左右的师长、团长比比皆是。

在"育"的方面，我始终坚持一点，"育"，最重要的方式就是"用"，育就是用，用就是育。

在 "留"的过程中，我们坚持把事业留人、感情留人、荣誉留人做到位。同时，"留"也要包含退出机制，才是完整的"留"。

第二，抓住人才管理关键工作（环节）建立"五星模型"。

在人才队伍建设方面，我在航天一院当人力资源部部长时，吸取了航天人才管理优秀经验，借鉴"三支柱"模型，依据航天人才实际，主导建立了"五星人力资源管理模型"（以下简称"五星模型"）（见图1）。

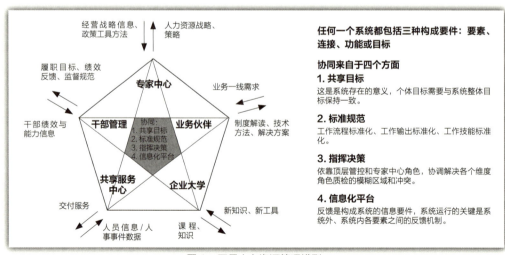

图1 五星人力资源管理模型

这个模型我就不展开讲了，其实践重点就是抓住人才管理的三个关键工作：核心人才、核心业务、专家中心。

我始终认为"专家中心"是未来人力资源工作中很重要的一个方面，政策研究、人力资源产品设计交付、实践经验总结输出，等等，专家中心要从战略层面为整个人力资源系统提供专业支撑。关于专家中心的人员构成，我原来有一个设想，即除了人力资源资深的专家以外，管理专家、业务领导也可纳入专家中心，为人力资源工作提供智力和决策支撑。对人力资源工作者来说，"专家中心"也是个人职业发展的一个重要方向。

其他的传统的三支柱内容就不多讲了，我想强调的是在干部管理方面，我们构建了"人才发展与领导力提升胜任体系"，在央企国企以及大型的企业中，干部管理是一个必然要考虑的要素。有专家讲到，现在央企国企在干部管理方面还存在着一些瓶颈性的问题，比如，主要领导干部的来源、选用方式、任期，等等。这的确是现实情况，想要一蹴而就地解决是不现实的，只有通过不断的努力，通过改进组织机构，通过推进应用有效的工作方法论来突破和改进。干部管理是核心人才管理中的重点，其中也一定要加上领导力提升的要求。

大家可能注意到，"五星模型"的核心是协同，协同是所有工作的轴心，协同由共享目标、标准规范、指挥决策和信息化平台构成，在数字化时代，通过信息化平台实现协同可能将变得越来越重要。🔲

（本文由《华夏基石管理评论》根据王伟在"国企人才发展创新论坛"上的发言整理，经作者本人审阅修改。）

# 方法
## CHINA STONE▶▶

在褚橙，公司给农户发钱的方式简单而高效。因为果树的成长，从树苗种下到挂果，再到进入丰产期，需要一个很长的时间周期。所以褚橙在设计分配机制时，包含了三个重要的基点。

——徐继军

# 分钱的艺术：
# 三种实践的启示

不同的企业在设计薪酬机制的过程中，既要有基本的逻辑，更需因地制宜的实践创新；如何分钱，既是科学，也是一门艺术。

■ 作者｜徐继军

如何分钱，是激励机制的核心问题，也是企业内部管理的核心问题之一。不同的分钱方式，激励效果差异很大。不同的企业在设计薪酬机制的过程中，既要有基本的逻辑，更需因地制宜的实践创新，如何分钱，既是科学，也是一门艺术。笔者在给企业设计激励机制的过程中，发现了一些很具有启示性的分钱艺术，如出租车模式、褚橙给农户分钱的智慧，以及源于华为的"345"策略（俗称"3个人干5个人的活儿，拿4个人的钱"的获取分享制）。

## 妙不可言的"出租车模式"

在所有的激励方式中，我个人认为最棒的考核激励机制，并不是源于谷歌、微软，也不是阿里、腾讯，而是来自街头的出租车。

出租车模式，是一种妙不可言的评价激励方式！因为这种模式足够有效、足够简单。

不妨问几个问题：你见过出租车司机偷懒吗？你见过出租车司机有意破坏车辆吗？你见过出租者司机有意浪费汽油吗？

我们见到的是相反的场景：出租车司机加班加点的工作，

非常辛苦；努力减少车辆的空跑，尽量不造成里程浪费。

很显然，分配机制是有效的。

再追问几个问题：你见过出租车司机经常开会吗？你见过出租车司机要请示汇报吗？你见过出租车公司用一大堆制度流程和管理人员去跟踪管理司机吗？

我们经常见到的场景是：出租车公司对这些司机压根儿没有什么太多管理，也不需要有什么管理人员。

很显然，这种方法简单到了不用管理的程度。

这就是"出租车模式"妙不可言的原因！没有管理，但效果奇好，这几乎是所有管理者梦寐以求的效果，如果能够想明白其背后的道理，必然会获益良多！

### （一）"出租车模式"背后的底层逻辑。

如果进行深入分析，你可能不得不承认，"出租车模式"更符合企业的本质。为什么这样讲？**这就涉及我们如何理解企业**。企业本质上是一个资源合作的平台，企业家扮演着机会发现者、资源组织者的角色。企业和员工之间本质上是一种合作关系，促成双方能够达成合作的原因，是因为相互需要。维持合作关系的基础，是双方都能够从这种合作中获益，并且都能够遵守双方的契约。

在绝大多数企业中，员工的价值评价往往来自上级领导，或者企业家，而不是来自市场。在这种评价机制下，员工向企业出售自己的时间使用权，附加自己部分的经验、创造力、人脉资源。在一些企业文化不太健康的公司，员工还需要附加恭维领导、表达忠心、承受批评、忍受情绪等行为表现。而员工得到的回报就是固定薪酬，以及浮动或者不怎么浮动的奖金。

很显然，这种关系更像是人身依附关系。与之对应地，我们经常会看到一些类似于"离开企业你什么也不是"的文章。实际上，企业离开员工，也会马上垮台。而出租车公司与出租车司机之间的合作关系，是一种"高级的"交易关系。双方各自承担风险，也各自获得与之对应的回报。公司投入牌照、车辆等固定资产，获取固定回报；司机使用公司的固定资产，投入时间、劳动，在支付使用固定资产所需的费用后，获取剩余收益。

这种分配关系下，出租车司机是在给自己干，也自然不用被逼着干，管理也就简单化了。

"出租车模式"事实上是一种经典的分配模式，比如深刻地影响了中国历史进程的农村联产承包责任制，也有类似的底层逻辑。

### （二）"出租车模式"背后的经济规律。

米尔顿·弗里德曼是芝加哥经济学派的领军人物，1976 年诺贝尔经济学奖得主，在一场演讲中，讲到了一个简洁有效的分析工具，被人们称为"米尔顿花钱矩阵"。

米尔顿教授认为，如果以"花钱"和"做事"作为两个维度去分析人们的行为，会出现以下四种情况（见图 1）。

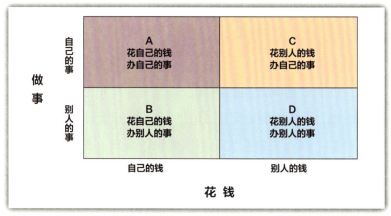

图 1　米尔顿花钱矩阵

A. 花自己的钱，办自己的事。既讲效果，又讲节约。

这种情况下，绝大多数人都会尽量让这笔钱的效用最大化。

很显然，这是一种最好的机制安排。

B. 花自己的钱，办别人的事。只讲节约，不讲效果。

比如慈善活动，就属于这种情况。因为花费的是自己的钱，所以花钱的人自然会注意是否浪费，但是对于别人的需求不一定了解，这种情况下往往难以实现最佳效用。

C. 花别人的钱，办自己的事。只讲效果，不讲节约。

我们常见的费用报销，就属于这种情况。比如，有些公司设定了员工交通补贴标准、招待费用标准，最终结果一定是大多数员工会把这个政策用足，至于是否真的需要那么多，就不会在意了。真正聪明的办法，是将这种情况转化为第一种情况。比如，针对业务实施费用总额控制，和员工的奖金挂钩，节约了就是自己的奖金，花超了就从奖金中扣除。

D. 花别人的钱，办别人的事。既不讲效果，也不讲节约。

这是最低效的花钱方式。首先，花别人的钱，自然不会心疼，没有动力去精打细算。再者，办的也是别人的事情，所以对于效果如何也就不会真正上心。最好的做法，也是转化为第一种情况。比如，很多企业开办食堂作为员工福利，贴进去很多钱，但是很难办好。要让这笔钱效用最大化，方法也很简单，就是直接把补贴发给员工，让员工自己决定该怎么花。

用"米尔顿花钱矩阵"去分析就会发现，"出租车模式"之所以很成功，就是"变管理关系为交易关系"，让出租车司机"花自己的钱，办自己的事"。

小结："出租车模式"是一种具有代表性的现象，作为企业管理者，除了有必要关注和研究这种现象，还应该深刻地理解其背后的底层逻辑和经济规律，从而找到或者设计出最佳花钱模式和分钱模式。当然，"出租车模式"给企业管理者的另一个启发是，优秀的管理思想和方法，并不一定只存在于明星企业和教科书中，也要善于发现实践中的管理智慧。

### "褚橙"给农户发钱的智慧

2002年，褚时健先生以73岁高龄在云南哀牢山下种植冰糖橙，开始创业。他用十余年时间打造出了名满天下的"褚橙"品牌，受到消费者的高度认可，拥有一批忠诚的顾客。我作为褚氏农业的管理顾问，对褚老的管理智慧深为佩服。其中，"褚橙"如何给农户发钱这件事情，就值得大家好好琢磨和学习。

**（一）"褚橙"的难题。**

好产品有其自身独有的标准。外在的表现是大家都能看到的，能够收获消费者的忠诚度，能够有定价的能力，但这需要内在特质的支撑，那就是品质足够好、足够稳定。这对工业产品来说相对容易，但是对于水果而言，却是超级难题。因为日照的不同、气候的变化等，不要说会影响同一个果园里水果的质量和口感，甚至每棵树上的果子口感都可能完全不同。

那么，"褚橙"是如何在近万亩的生产基地中保证品质如一的？这个问题是关键所在！

实际上，品牌水果打造面临的难题远不止于此。我们将之简单地归纳为"品牌水果七大难题"。

▶ 自然禀赋难题。南橘北枳。高品质的水果，需要天造地设的自然条件（阳光、温度、降雨、土壤）作为基础，同时还需要获得和使用成本尽可能低。自然禀赋是人力难以改变的硬条件。

▶ 产业基础难题。规模化、标准化、科技化在农业领域，尤其是种植领域比例很低。这导致水果产业模式相对落后，人才、资本、技术、管理基础薄弱，资源存量很低。

▶ 长周期难题。长周期导致投资回收期增长、投资风险增大，同时导致各项生产技术创新、管理创新进度迭代速度慢，每次试验往往都要以年为单位，经验积累困难。

▶人才难题。整体上比较而言，农业从业者存在文化程度低、职业化程度低、契约精神差、组织难度大的问题，抑制了公司成长的速度，同时也抑制了各项管理措施、技术标准的执行难度。

▶市场营销难题。水果作为生鲜产品，需要及时完成销售，而自建分销渠道存在现实困难，导致"生产基地＋水果批发商"模式成为水果产业基本营销模式，即使生产者千辛万苦生产出高品质水果，也往往难以获得定价权，抑制了生产者对水果高品质的追求。

▶精确性难题。农业生产过程属于复杂系统，相当多因素（如天气变化、土壤条件、病虫害等）均处在动态变化过程中，每年都不一样，而每棵果树也在不断变化，如何通过精确的技术和管理标准让如此复杂的系统生长出口味一致的水果，面临极大困难。

▶环境难题。规模化水果生产必然需要大面积的土地，决定了生产系统必然是开放系统，这必然要与周边农户发生千丝万缕的联系。如何有效减少和消除周边农户对种植基地的破坏和负面影响，面临极大挑战。

很显然，品牌水果打造面临的是系统性难题。而其中的产业基础难题、长周期难题、人才难题、精确性难题、环境难题都涉及生产基地到底如何进行管理、农户到底如何组织的问题，把农民组织起来可以说是个历史难题，但褚橙必须和种植户以及周边农户之间建立长期稳定的互信互利的关系，相互支持，才能够保证企业的平稳运行。

在解决这些问题的措施中，最核心的管理问题，就是如何给农户发钱。

**（二）褚橙分钱的方法。**

褚时健先生有两句话让我印象非常深刻："农民不太懂条文契约精神，但是他们有坚定的情感契约。""对于农户和作业长来说，最大的监督力量还是工作绩效必须和个人收入挂钩，不然你牵只老虎去也没有用。"

**在褚橙，公司给农户发钱的方式简单而高效。** 因为果树的成长，从树苗种下到挂果，再到进入丰产期，需要一个很长的时间周期。所以褚橙在设计分配机制时，包含了三个重要的基点。

第一个基点：安居乐业。褚老认为，农户直接、简单、讲感情，所以褚橙和农户之间的关系也应该直接、简单、讲感情，首先要解决农户安居乐业的问题。褚老专门从公司里拿出一笔钱，给农民们在果园边上建了青砖瓦房，每户有一个小院子，水电、沼气、厨房、厕所一应俱全，还给每家都配了1~2亩菜地，让农民可以自己种菜、养家禽，安居乐业。这样保证了农户最基础的稳定问题。

第二个基点：挂果之前。为了保证果树挂果之后有好收成，要把果园的底子打好，这需要付出长时间的劳动。这个时候要跟农户讲清楚，现在把果树种好，将来收成就会好，他们的收入就会更高。但是，农户当下看不到钱，难免将信将疑。针对这个问题，褚橙的做法是，在果树大量结果之前，先保证农户的收入稳定。褚老创业始于2002年，那时给每个农户的平均月工资是300~400元，之后逐年增长。这个收入水平当时在当地还是一个可靠的生活保障。

第三个基点：挂果之后。2007年，褚橙生产基地的果树大量结果之后，褚橙调整了和农户之间的结算关系，变管理为交易，以简化管理，提高效率。这时候，褚橙给农户的分钱方法是，农户每人每月按时领到2000元的借发工资，到年底果子收获后，根据农户交出的橙子总量、橙子的等级，按照约定的标准核算农户的收入总数，刨除借发工资后，把剩下的发给农户。

对农户来说，就是干得多拿得多、干得好拿得多，自己赚多少钱由自己决定。这种情况下，农户会更加积极地学习优秀标杆，积极地执行生产技术标准。客观上，也促进了褚橙生产绩效的不断提高。

与此同时，由于农业生产过程非常复杂，各种生产技术措施需要根据实际的气候变化、果树长势、此前各种生产技术措施的执行效果等因素随时进行灵活调整，因此，即便褚橙已经和农户之间形成了利益共享，但也始终要有过程管理，不能任由农户发挥。

公司采取了三个配套措施：一是由经验丰富的作业长长期深入一线，每月按照随时调整的工作计划，身体力行进行监督指导；二是要求肥料结构的调整、灌溉安排、施肥时间、防虫计划、果树修剪按照每月的生产计划严格执行，且肥料、浇水、药品的成本由公司统一承担；三是开展生产竞赛活动，保证生产技术水平不断提高。

按照褚老的观点，一个企业要在竞争中不断进步。褚橙已经没有竞争对手，所以内部竞争就很重要。

小结：褚橙用一套简单的方法，解决了品牌农业中的系统性难题，褚橙给农户分钱背后的底层逻辑和经济规律，用"米尔顿分钱矩阵"分析，就是"出自己的力，做自己的事"，让所有农户一分耕耘一分收获，清清爽爽。

当然，面对农业这个复杂系统，不可能"一包就灵"、完全放手，褚橙在生产技术管理方面实施了严格的管控措施，而不仅仅依靠经济杠杆去调节，非常值得关注和学习！

这同时也告诉我们，任何好的机制，在应用的过程中，都需要根据实际情况进行必要的调整。保持实事求是的务实态度，才是更基础的原则。

## 对"345"的探索与思考

"3个人干5个人的活儿，拿4个人的钱"（简称"345"），根据公开资料，最早由华为的创始人任正非提出。在华为，这种做法被称为"获取分享制"。

2014 年 9 月，任正非在华为激励导向和激励原则汇报会上发表讲话，提出"获取分享制应成为公司价值分配的基本理念"，并对此做出高度评价："这两年人力资源贡献很大，提出来一个'获取分享制'。你赚到钱，交一点给我，你才能分享；你赚不到钱，活该饿肚子。'获取分享制'一出现，这两年利润增长很快，大家的积极性和干劲也起来了。"站在企业家、决策者的立场上，"345"战略无疑可以大幅提升企业运营效率，令人鼓舞。

但是，从"想到"到"做到"，中间跨度很大，相隔甚远！当这项任务部署给人力资源负责人时，就从理念问题变成了技术问题。对于很多公司而言，其管理基础和人才队伍无法与华为相比，具体情况也是多种多样，因此要想落实"345"战略，难度也更大。

如何把理念变成技术问题呢？笔者在某企业的分配机制设计咨询项目中，探索采用了三步骤法：战略解码—目标确定—结构控制。

**第一步，战略解码。**

理念要转变成实实在在的行动，首先必须完成从理念到指标的解码。"345"包括了三个重要指标：①人均生产率。3 个人干 5 个人的活，意味着人均生产率增长 66.7%。②人均薪酬水平。3 个人拿 4 个人工资，意味着人均薪酬水平增长 33.3%。③薪酬创效水平。4 个人的工资换来了 5 个人的活，意味着每花一块钱的薪酬，创造的价值增长了 25%。这三个指标之间，形成了一个有意思的"三角关系"（见图 2）。

其中，只要两个指标确定了，第三个指标同时也就确定了。这是企业在设置这三个指标时需要留意的地方。

**第二步，目标确定。**

以我们提供咨询服务的这家公司为例，这家公司的组织层级分为两级：公司总部、区域公司。要推行"345"战略落地，

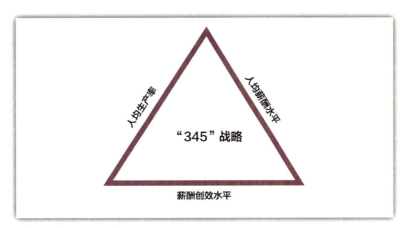

图 2 "345"战略的三个重要指标

就需要在这两个层级分别确定指标。

在公司总部层面，我们基于"产值"确定了公司的三个关键指标：人均产值、薪酬产值、人均薪酬。

工作分为两步：第一步，历史数据统计。根据 2019 年到 2021 年的实际表现，将过去这三年的指标值分别进行了计算统计。在统计过程中，必须注意前后统计口径一致。第二步，指标讨论决策。基于过去三年的指标值，经营管理团队、人力资源部坐在一起，根据外部环境、内部情况，确定出 2022 年实际的目标值。这个目标确定的过程，要求有牵引力，同时要求务实。毕竟，空想出来的指标，再诱人也毫无用处。

在区域公司层面，指标确定既要保证公司整体目标的实现，又要兼顾各区域公司不同的历史现状，还要让所有区域公司认可机制的公平性，从而让机制产生自运行效果。这是关键所在！

我们在分析了该公司各区域公司上年度的实际表现后，创造性地使用了一套"动态调节机制"，解决了问题的关键点（见图 3 ）。

这套机制的要点是：①实际表现排序。各区域公司每年的实际表现结果必然有高有低，首先根据其水平不同进行排队。②提升目标设定。根据排队结果，对表现最好的区域公司设定一

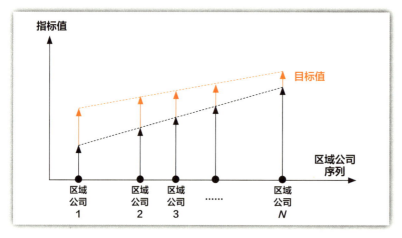

图3 某公司的动态调节机制

个相对小的进步要求，对表现最差的区域公司设定一个相对大的进步要求。其他区域公司的进步要求，则根据最好与最差的指标，自动通过差分计算得出。③你追我赶的自运行机制。好的机制设计，一定能够实现最大限度地自动运行，并且能够实现动态调整。实际上，这套"动态调节机制"适用范围非常广泛，可以用来解决很多机制设置问题。

**第三步，结构控制。**

通常情况下，设定总体指标之后，就可以通过授权的方式，让各区域公司自行分解目标，确定行动计划，然后开展追踪纠偏就可以了。

但在企业实践过程中，我们发现，对于结构提出指导性意见，进行必要的结构控制，对于后续方案的质量，会发生重要的影响。结构控制也要从公司总部和区域公司两个层面分别考量。

●公司总部

对于公司总部而言，通常会有如图4所示的关键决策点。

上面这些问题的决策，除了要考虑公司的历史数据之外，还应该对照行业标杆，以保证决策相对合理。通过框定这些关键性的结构指标，就可以防止公司随意调整人员、增加领导职位、

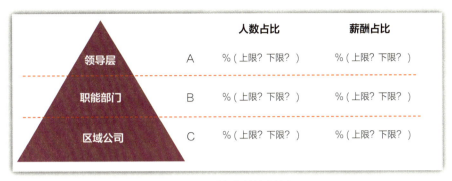

| | | 人数占比 | 薪酬占比 |
|---|---|---|---|
| 领导层 | A | %（上限？下限？） | %（上限？下限？） |
| 职能部门 | B | %（上限？下限？） | %（上限？下限？） |
| 区域公司 | C | %（上限？下限？） | %（上限？下限？） |

图 4　公司总部的关键决策点

增加职能部门人数的"冲动"。而在管理实践中，这些"冲动"随处可见，并且往往都有"必须如此"的理由。

● 区域公司

对于公司总部而言，区域公司是"打粮食"的业务单元，因此无论是人数占比，还是薪酬占比，都应向区域公司做倾斜。在区域公司内部，依然存在着如何有效控制结构的问题，同样会存在如下的关键决策点（见图 5）。

| | | 人数占比 | 薪酬占比 |
|---|---|---|---|
| 领导层 | A | %（上限？下限？） | %（上限？下限？） |
| 职能部门 | B | %（上限？下限？） | %（上限？下限？） |
| 业务部门 | C | %（上限？下限？） | %（上限？下限？） |

图 5　区域公司的关键决策点

这些决策点的思考逻辑，和公司整体问题的思考逻辑是一致的。

小结：上面的内容，最终还要细化到每个具体员工职位的调整，以及薪酬的调整，才算是真正落地。而越接近具体的操作方案，需要考虑的细节越多。我们从中体会到，好的管理理念能实现的背后，是持续的、艰苦卓绝的、体系化的专业工作。

有一点不能不提，在经过系统的量化分析之后，我们发现这家企业如果要真正实施"345"战略，需要从业务流程再造、组织架构重构等相对底层的管理模块开始优化。当然，这恰恰是"345"战略的价值所在，因为指标最核心的价值，就是牵引组织找到进步的方向和路径。

当然这件事情也提醒了我们，好办法也有其适用的条件和时机。当市场环境很好，市场机会很大，发展空间不是问题的时候，可以用"345"战略激发员工积极进取、勇挑重担。但是，当市场环境不佳，市场竞争加剧，发展空间萎缩的时候，"345"战略就不合时宜，因为可能引发剧烈的裁员，破坏组织的健康，此时，更应该着眼于如何保持生产率水平。🔲

➡ **作者简介**

**徐继军**

华夏基石集团副总裁、高级合伙人，华沣管理研究院院长。曾参与企业创业全过程，并曾分别在一亿级、十亿级、百亿级、千亿级企业担任高级职业经理人和运营操盘手，对不同发展阶段企业的特征及其面对的成长问题有深入理解。

# "组织型营销"是一场业务变革，而非管理复制

"组织型营销"模式本质上是一场业务变革，因此要从个人式营销模式向组织型营销模式成功转型，必须站在公司和组织的高度，找到组织型营销模式转型的关键维度。

■ 作者 | 聂士超

最近几年，伴随着华为的成功，华为 LTC 流程式的项目销售方式成为国内热点，这种组织型营销模式打破了国内工业品企业过去依托个人英雄主义的市场操作打法，在国内掀起了变革的模仿潮。尤其是在工业品大客户操作行业里，很多企业都在尝试导入组织型营销模式，大家都想打破过去个人英雄式的营销做法，摆脱对能人的依赖，走向组织型的营销方式，但现实效果却不尽如人意。

根本原因在于，营销模式升级本质上是一场业务的变革，核心是要在业务端找到有效的成功战法，找到适合自身行业、自身企业的有效的组织型营销模式。但很多企业并没有结合自身业务特性，只是去依葫芦画瓢，学习华为等企业的成功经验，结果把业务变革变成了流程固化和管理复制，效果自然不佳。

那么，到底如何去成功完成组织型营销模式变革呢？笔者结合实践，从认识到操作方法，提出以下企业建设组织型营销要把握的七个关键问题。

## 一、以问题为导向，找到变革的出发点

必须对企业过去营销模式做个深入盘点，想清楚为什么要做组织型营销模式变革，找到变革的出发点。根据笔者的总结，工业品行业之所以现在追捧组织型营销模式，其根源是过去企业品牌和产品不够强，难以形成对客户的影响力，所以只能更多依托个人的关系资源和价格政策的方式运作市场，长此以往，个人式营销模式烙印越深、缺点越明显。笔者总结个人式营销模式有以下五大弊端。

(1) 过于依赖个人英雄。业绩上过于依赖个人英雄，单兵作战，导致团队弱个人强，业绩份额高度集中，极少的队伍贡献了绝大部分销量，一旦队伍有个风吹草动，组织风险大，难以持续。

(2) 客户关系资源分散。客户关系，客户资源基本都分布和掌控在业务队伍手里，变成了个人的关系资源。公司层面对客户关系经营的关注度不够，也没有系统思考从公司层面如何维护和掌控客户关系，导致对客户影响力和掌控力很小。

(3) 项目掌控能力差。个人操作方式决定了项目操作基本由业务队伍把握，公司在项目质量、项目成交率、项目营利性和项目交付性等方面缺乏统一的标准要求，导致客户满意度差。

(4) 营销打法难以复制。营销打法上各自为政、各显神通、五花八门、隐性操作，"猫有猫道狗有狗道"，难以阳光化、显性化，更谈不上标准化、规范化，导致队伍难以复制，孵化不出人才，无法形成组织能力。

(5) 部门无法形成合力。个人式做法容易形成企业内部潜规则，凭靠各自与其他部门的关系远近来衔接和推动流程，缺乏一个统一的力量和权威来拉动其他部门有效协同，造成企业内部供研产销无序，前中后台各自为政，无法形成统一的方向，难以形成组织合力。

总结起来，个人式营销做法强化了个人的作用，却忽视了公司的组织影响力建设，弱化了组织能力，导致公司营销力量、

营销资源高度分散，难以组织化一体化。

## 二、分析产品品类特性，研判组织型营销的优劣势

营销并没有一个放之四海而皆准的模式，组织型营销模式也并不是什么行业领域都可以应用，那些产品标准化较高，决策过程简单，交付也简单的行业就更适合快进快出的规模化营销模式。如金属加工类产品、标准化较高的化工产品、建材类产品等。这类产品虽然也是大客户营销，但导入组织型营销模式反而可能会降低效率。

> 个人式营销做法强化了个人的作用，却忽视了公司的组织影响力建设，弱化了组织能力，导致公司营销力量、营销资源高度分散，难以组织化一体化。

归根结底，企业不要追热潮，而是要根据自己的产品品类特性，以及采购和交付的复杂程度来判断是否适合组织型营销模式。

具体哪些企业可以进行组织型营销？笔者提供一个基本标准，供参考。具备以下条件的可以考虑导入组织型营销模式。

▶ 项目周期长，从项目线索收集到最后项目完全交付，经历的时间周期很长，形势复杂，变化多端；

▶ 项目金额较大，客单价较高；

▶ 产品服务标准化程度较低，不是标品，偏向定制化、个性化解决方案的；

▶ 项目对技术服务依赖性高，一般采取"产品＋服务"的模式，或者"以解决方案为中心＋产品配套"的服务模式，对人的依赖性较高的；

▶ 项目决策复杂，项目购买决策过程、决策链条、购买行为、结果评估等链条复杂，需要组织多部门研讨决策的；

▶ 交付比较复杂的系统工程类的，需要多类技术工种和产

品的复杂的供应链配套，一旦稍微出现差错，导致全盘皆输的；

▶ 项目质量要求高，对甲乙双方来说，无论是对项目预期、项目金额、项目投入产出、项目营利性等涉及的潜在风险较大，对项目质量要求高的。

**同时，也要理性认知到组织型营销模式的优缺点。优点是：**打破对个人的依赖性，提高企业层面对客户的掌控力和影响力；提高队伍的可复制性；提高项目成交率、交付能力、营利性和风险规避能力；提高项目全链条可控性和关键点。**缺点是：**组织层级多，协同过多，提高了组织复杂性，如果企业文化和整体架构支持不了，可能效率更低；规则多，一线响应速度较慢，灵活性不够；强调团队作战，绩效评估和绩效分配复杂度提高；成本相对较高。

### 三、明确组织型营销模式变革的关键维度

前面提到，组织型营销模式本质上是一场业务变革，因此要从个人式营销模式向组织型营销模式成功转型，必须站在企业和组织的高度，找到组织型营销模式转型的关键维度。

笔者提炼了七个普遍性的转型变革维度，或者说是营销模式转型变革的方向，如下：

(1) 口碑信誉构建改变。从依托业务队伍个人的影响力，向企业品牌影响力构建转变。企业要在上下游不断塑造和提高企业在行业和客户群体中的影响力，以企业品牌为业务操作背书，不能忽视企业品牌力建设。

(2) 客户层面掌控改变。项目制大客户操作要真正做好，本质上是要求企业两条价值链的深度贴身服务。要从企业整个链条，如供研产销等多个部门建立多头对接关系，做到信息对称、流程对称、关系对称。因此在客户层面要从过去个人的客户关系转变为搭建企业与客户之间的多角色、多层级和多频次的立体关系，服务角色上从单一的商务式服务角色，走向围绕项目

需求的多主体、多角度、多角色的服务。

(3) 能力上具备可复制性。从个人能力向组织能力转变，要从过去依托各路高手各显神通、五花八门的隐性打法，转变到显性化、标准化和可控的流程型打法，确保不是"大能人"的人也能复制，让平凡的人做出不平凡的事情。

(4) 客户信息资源掌控。从个人对客户信息资源的掌握转变为企业掌控客户信息。企业加大对项目线索来源、客户档案、立项、商务谈判、项目交付等全过程记录，在关键客户、关键环节建立与客户的深层次关系。

(5) 政策运作一盘棋。改变政策规则，从个人政策导向走向企业一盘棋运作，合理把握好不同行业、不同大小客户、不同项目目标的策略打法，防止价格政策过于倾斜给"会哭的孩子"，导致市场价格政策差异很大，市场对企业失去信心。

(6) 项目管理专业化。过去是个人自主操作，个人包打天下的项目管理方式，依靠每个业务员的自觉性做事情，缺乏统一标准，容易导致后期服务麻烦，"擦屁股"的事情很多。组织型营销模式强调企业层面的项目流程标准化、交付标准专业化、项目管理标准化，管理上走向项目团队和项目全周期管控，确保整个流程和每个环节标准统一化。

(7) 客户价值持续性经营。从交易导向走向客户价值持续性经营转变，强化客户价值导向，通过对客户持续合作周期、复购率、相关购买机制的考核，强调顾客价值持续性经营。

## 四、定义与设计组织型营销模式的基本框架

经过对既有营销模式的短板盘点，以及明确组织型营销模式变革方向以后，接下来要定义和设计清楚组织型营销模式的基本框架。

(1) 出发点：以企业为统一层面，着眼于建立企业与企业间的深层次客户关系为导向。

(2) 落地点：以客户价值经营为中心，强调客户价值的全链条服务，立体协同高效有序地去开发客户，维护和深化客户关系，通过对客户交付服务和资源的把控，完成对客户的价值创造、价值传递和价值交付。

(3) 构建重心：以标准化，流程化，可视化，可控化，有效化的前端营销打法为驱动，来拉动和整合企业中后台各职能。

(4) 团队组合方式：着力于组织影响力和能力的发育，作战队伍从单兵作战，到团队作战，向系统作战进化。队伍的功能从原来单一的商务功能，走向"技术 + 商务 + 交付"的多功能组合式。

(5) 组织管理：基于一线客户的需求，强调流程化驱动，依靠流程权威去驱动业务运行，把很多原来在总部的职能快速下沉和整合，提高响应客户的能力。职能架构上，以垂直职能式为辅，

> 要把一线提炼的有效营销打法进行分拆，形成分步骤的标准化动作，进而才可转化为可控营销流程。

矩阵式职能为主，强调各相关职能的整合。团队的作业风格上，改变过去纯粹分工分权分利的各自为政的模式，更要强调以市场和项目为导向的协同，在协同基础上的分工，否则没法实现组织化。

## 五、组织型营销模式操作落地的"七步法"

第一步，营销模式规划和设计。工业品的产品营销技术在不同细分行业和不同细分场景表现出来的作用其实是不一样的，梳理和设计不同细分行业的不同类型营销模式，至关重要。例如，对高度集中的行业如何运作，对高度离散的行业如何运作；对头部客户如何运作，对长尾客户如何运作；对成熟的产品如何运作，对新品如何运作；对低毛利的行业如何运作，对高毛利的行业如何运作；等等。不同细分行业和不同细分场景的特

性决定了不同营销模式。

第二步，**一线试点，总结和提炼对市场有效的营销打法，确保见效见利。**营销模式设计出来后，不要一上来就直接全面铺开，一定要去市场一线试点，通过在行业和区域的两个维度试点，找到一线有效的打法，总结出来企业营销成功的"降龙十八掌"。注意！不能带来增量的营销打法都是无效的，即使实现了流程化和组织化，营销变革也是不成功的。

第三步，**把一线营销打法转化成业务流程。**流程具有管理属性，但背后最关键的是业务属性。业务流程的核心是要反映业务的本质，反映出营销战法的有效性，流程要匹配业务流，不是为流程而流程，如果打法无效，流程化反过来会加大操作和管理的复杂性。因此，要把一线提炼的有效营销打法进行分拆，形成分步骤的标准化动作，进而才可转化为营销流程。

可以先把销售打法转化为销售动作，然后将销售动作转化成流程，变成管理化和组织化营销，确保可视、可控、有序规范，形成流程营销型组织。

第四步，**梳理营销打法所需要的前端和中后台的职能。**根据业务流程对各节点进行梳理，设计关键节点，嵌入相应职能。哪些节点是赋能环节，哪些节点需要总部参与，哪些节点是总部授权运作，哪些节点需要不同职能组合，哪些节点是评估环节等。梳理清楚不同节点涉及的动作，以及其所需的职能支持和背后的责权利组合。

第五步，**文化倡导、机制驱动，引导组织型营销变革。**从文化上，要引导大家高度重视这场变革，打消大家的顾虑，鼓励和支持变革先锋。塑造组织型营销模式变革的文化氛围，引导大家认识到变革的重要性，迫切性。从机制上，要根据一线营销战法的需要，调整总部、区域平台和作战前端三层级的定位，重新定义它们的先后次序，优化中后台的职能、流程和管控方式。改变职能部门角色定位，促使职能部门从管控角色走向服务、支持和赋能角色。打通前中后台，"研、产、销、财、供、法"一体化，实现从一线到后台的端到端拉通。

第六步，机制驱动，解决队伍敢做、会做、愿做的问题。组织型营销模式解决的是会做和怎么做的问题，同时还得解决队伍敢做、愿做的问题。因此机制上要积极配套调整，如建立以营销模式为龙头的研产销组织机制驱动体系，从机制上鼓励和激励组织型营销，反对个人式打法。同时要基于不同阶段各角色的配合协同，做好价值评估和价值分配。

第七步，IT化配套，实现在线化、记录化。根据业务流程化和职能梳理的最终结果，把各业务流程和相关动作IT在线化，确保可控制、有记录、有时效性。IT化的本质是达成业务模式和客户价值的实现，这个才是IT化的核心，管控和监控并非核心。

最后，笔者要再次强调企业要注意的几个错误做法，它们是很多企业进行组织型营销模式变革时踩的坑，有必要提出来警醒企业。

一是不要在市场前端还没有找到有效的营销模式和销售打法时，就做后端的流程化改造和IT在线化改造，最终变成了纯管理变革。如果新的营销模式和打法无效，看不到市场增量效果，那后续推进难度较大，即使组织化，大家也看不到变革信心，最终会变成"形变神不变"。

二是不要为控制而变革、为管控而管控，这会导致效率降低，前端失去灵活性，打击业务积极性。部分企业变革的初心是为了控制风险，降低企业信息和资源流失的风险，提高公司掌控力，于是企业在组织上更多强调了总部的掌控力，忽视了一线前端的灵活性，导致前端在面对客户时的灵活性不足、响应速度变慢。

三是不要把组织型营销当"万金油"，合适的模式就是最好的模式。笔者见过一家金属元素加工企业，生产的是纯粹标准化的产品，毛利率很低，且受上游行情波动影响很大。该企业也在导入流程化组织管控和铁三角模式，其实这是违背了这个行业规律的错误变革。因为，面对毛利率很低、行情波动较大的标准化产品，更多需要的是依靠总部高度集中管理、快速响应、大进大出的营销模式。如果依靠组织型营销模式，会导致对行情反应速度变慢、协同成本变高，消耗掉本就微薄的毛利率。

四是一定要注意文化和机制的配套，变革要达成共识。从单兵作战到系统作战的转变，背后除了能力结构要发生变化之外，重要的是要完成从企业领导个人意志到文化上、机制上的系统调整。很多企业是整个管理方式换了，但是人的思维没有换，这种变革就会是个痛苦的过程，徘徊不前、反反复复，消耗掉大量精力财力。因此从一开始，内部要思维意识先变、文化先变，从内部达成共识转变为从中后台职能部门定位、关键岗位的人才选用的重新盘点。如果文化和机制上不能驱动组织型营销模式，变革成功概率极小。

**➡ 作者简介**

**聂士超**

华夏基石集团高级合伙人，华夏基石品牌营销咨询中心总经理。曾在国内大型民营企业担任营销总经理等管理职务，具有十多年的营销操盘和咨询经验。

# 重塑国企"大脑中枢"，
# 建设价值型总部

"大脑"的怠惰带来身体的"慵懒"，如果总部都原地踏步，国企的深化改革又从何谈起？

■ 作者 | 胡翔 郑凯雯

作为国有企业管理的中枢大脑，新时期国企总部的建设令人关注。

在管理咨询的实践活动中，我们发现：部分国有企业，尤其是部分地方国企的总部机构膨胀、管理低效、决策僵化、官僚主义、形式主义等问题突出，"总部机关化"问题也讲了很多年，但并没有得到实质性解决，这些问题一直是制约新形势下国企高质量发展的顽疾。

"大脑"的怠惰带来身体的"慵懒"，如果总部都原地踏步，国企的深化改革又从何谈起？对此，国务院国资委也是高度重视，多次召开党委会，要求进一步提高政治站位，采取切实有效措施，全面开展"总部机关化"问题专项整改工作，成立专项整改工作组，统筹推进具体工作，并于 2019 年 10 月 31 日，组织召开了第一次工作启动会，对相关工作进行全面部署。

但是，我们也清楚地看到，集团总部改革是一项复杂的系统性工作。"十四五"时期，市场化改革的深化、竞争实力的增强、高质量发展的实现，都需要国有企业在加快转变总部职能上持续不断地狠下功夫。

如何发挥国企总部价值引领作用，如何凸显国企总部价值创造功能，是接下来相当长一段时间，国企深化改革必须面对的挑战和任务。

## 一、国企总部的三种类型

在不同时期，不同国企身上，我们大致可以总结归纳出以下三种总部类型。

（一）**机关型总部**。在 20 世纪 90 年代末的上一场国有企业改革中，按照当时"抓大放小、政企分离"的方针，我国组建了很多大型国有企业集团。组建的方式多是从计划经济时代原行业主管部门递进演变形成；或以众多存量企业为基础、通过各类行政方式形成。这使得当时多数国有企业天然带有机关化、行政化的基因，看上去更像是政府的国有企业管理机构或派出机构。在那种背景下，非常容易诱发组织内部的形式主义、本本主义、教条主义、官僚主义、功利主义、痕迹主义。

国企里普遍存在"会多文多检查多""讲级别讲对等讲排场"以及总部错位越位、管得过多过细等问题。这种行政化色彩过于浓厚、机构臃肿、管理链条过长、横向协同差、办事效率低、人浮于事的现象至今在不少国企中仍能找到相似的影子。这类基因因素带来的负面影响，也是国企常常被人诟病的原因之一。

（二）**经营型总部**。近 20 年，越来越多的中国企业开始拥抱国际规则，同时向先进发达国家学习借鉴优秀的管理经验，在这个阶段，涌现出了一大批优秀的国有企业和国企掌门人。国有企业在以世界 500 强为标杆的管理学习和组织建设实践中，开始逐步自觉或不自觉地将机关型总部向经营型总部过渡转变。

经营型总部强调专业建设，决策与流程规范化、人员专业化，重视知识管理和能力哺育，行使的是经营与鞭策职能，强调的是发展与效益。企业总部除了资本运营、品牌管理、人力资源管理、财务管理等职能之外，还有生产运营管理等方面的职能，发展成为企业的核心主题。

这种总部模式下，集团对下属企业具体生产经营的管制较多，大幅介入下属企业实际经营，或直接从事经营活动，很多时候是"边实施边决策"；而职能部门、业务部门则按照集团公司要求，开展管理和业务经营活动。总部一竿子插到底的管理方式，一方面为在翻江倒海的市场中搏杀的下属企业掌了舵撑了腰，但另一方面也种下了总部事必躬亲、下属企业无所适从、"等靠要"等弊端。

（三）**价值型总部**。在"十四五"发展的新时期，随着国家和省市地区发展战略的调整，国企发展更加强调聚焦主责主业。本轮国企改革通过兼并、重组、混改等多种方式逐渐形成了一批资产规模庞大的大型或超大型国企。这类国企庞大的资产体量以及复杂的产业构成对组织的战略承载能力提出了巨大挑战。针对国企发展到一定程度后出现的大企业病，围绕"四个意识""四个自信""两个维护"，不少国企集团开始着手构建新的组织形态。

譬如，在实施多元化战略的国企内部，随着各个战略业务单元的建立与成熟，集团总部开始探索塑造价值型总部。价值型总部要求企业充分发挥总部的服务、指导、监督、引领职能，加快推动总部体制机制改革，要求集团总部结合企业自身特点与优势，进行系统规划，通过业务影响、协同影响、职能和服务影响以及资本运作来创造价值，加快构建企业高质量发展新格局，进一步提升企业核心竞争力。

总的来说，价值型总部相比经营型总部，已不满足于组织基本职能的功能性发挥，更加注重利用组织本身的特性去创造企业发展的价值增量。

## 二、国企价值型总部的三大核心

国企的使命担当最重要的是实现国有资产的保值增值，国企集团总部创造价值的核心锻造也必须围绕"开源节流"来展开。

总部必须放弃那些没有价值或影响效率的事情，从事有价值的管理和业务运作，坚决不做"无用功"；全力赋能下属企业在一线经营决策方面更加高效，保持集团整体良好的灵活性以应对不断变化的市场环境。

（一）**为战略服务**。国企价值型总部的核心内容之一就是要服务好国企"十四五"新时期的发展战略。在国企集团总部的构建中必须要思考以下几个问题：

第一，总部的组织架构在设计思路上是否紧紧围绕国企主责主业确定的范围，以及如何助力企业的投资运营进一步向符合国家战略的重点行业、关键领域和优势企业集中；

第二，在总部的组织建设中是否考虑了围绕产业布局与结构的战略性调整需求，以及企业如何优化资源配置，盘活存量，调整存量结构；

第三，总部在组织建设中是否考虑了企业的核心能力与优势资源如何配对；

第四，总部在组织建设中是否考虑了横向和纵向形成的组织协同机制，以及如何夯实持续发展基础，巩固市场竞争优势，创造出大于各个单独业务单元价值总和的价值。

（二）**为运营助力**。过去国企总部对运营的帮助多体现在对应开展的业务和管理活动，设置补充相应的职能部门，但随着国有大型集团的发展，业务拓展的复杂性也带来总部臃肿问题。在国企发展的新时期，总部组织对运营的帮助已不再是简单的部门和人员的补充，而是通过优化治理和管控、提高团队和个人的素质能力来助力运营。

价值型总部首先要重视企业治理架构的科学化，通过精简组织机构、压缩总部员工，进行充分授放权，减少企业成本支出等，使所属企业决策能够高效、快速、灵敏地贴近市场。

面对竞争的变化、市场的变化，企业应当快速对经营策略进行调整，有效增强企业活力与市场竞争力。另外，价值型总部更加强调总部人员素质能力的提高，充分发挥参谋助手作用。从团队出发，从员工能力角度去强化业务能力和综合水平，促使团队能站在集团管理全局思考问题，围绕大局出谋划策，针对性给予所属企业业务指导。

（三）**为管理赋能**。价值型总部的另一个重要的价值核心就是要为下属企业管理赋能，这里的管理赋能不是简单的被动式的组织功能释放，而是主动式的需求内聚和功能外渗的过程。价值型总部的管理赋能极度重视为基层服务的意识，为此，有些企业总部建立共享服务中心，将各业务单位"分散式"进行的某些"重复性业务"整合到统一的平台中进行，通过为各业务单元提供职能上的领导和具有成本有效性的服务来创造价值，实现组织内公共流程的标准化和精简化。

价值型总部在管理赋能的过程中应当强调快速高效，要求组织内各要素单元发挥好指导与规制职能，提出明晰的管理思路，制订科学的制度办法，不断优化完善本业务系统的流程，对下级部门实施高效管理，提供高质服务（见图1）。

| 集团定位 | 关键功能描述 |
|---|---|
| 党建引领中心 | 发挥党把方向、管大局、促落实的政治核心作用，科学管理干部，全面推进党的建设，在集团体系内组织开展党群服务、纪检、监察、信访等相关工作 |
| 战略投资中心 | 发挥战略中枢作用，确保集团上下战略一盘棋；并基于战略目标，聚焦上下游资源整合，确定投资策略、工具，与上市公司联动推进"三资"转化，加快非主业出清工作，做好存量优化、增量布局与产业链整合 |
| 资源协同中心 | 对内协同信用资源、资金资源、人力资源、供应资源、信息资源、技术资源，服务核心业务价值创造；对外协同产业资源、市场资源、资本资源、政府资源，完善产业生态，提高资源配置效率，营造良好的运营环境 |
| 创新孵化中心 | 发挥集团研发创新平台功能，在关键赛道组织资源进行开放式创新，输出战略性技术、产品创新成果，与上市公司或其他伙伴推进成果转化与产业化，持续升级创新平台与体系建设 |
| 价值评价中心 | 对总部职能部门和下属企业价值创造过程进行监督，动态调整价值创造方向与重点，对价值创造结果进行评价，为价值分配提供准确输入，确保各层级组织绩效持续优化 |

图1 某国企价值型总部定位描述

### 三、国企价值型总部的八大价值体现

国企总部定位、管理风格、管理水平直接决定着总部的价值水平，影响其价值创造活动的效率，但国企总部的价值创造并非要求总部直接参与经营创造价值，更多的是通过为下属企业服务而间接地创造价值。我们在咨询实践中，从国企集团总部承担的战略使命和功能任务入手分析，总结了以下国企价值型总部必备的一些具体价值。

（一）**战略引领价值**。始终坚持战略引领，发挥总部作为战略中枢的"火车头"作用。研究国企大型集团涉及的重点产业，密切跟踪各产业发展方向，做好战略规划与统筹，确保集团上下战略一盘棋。牢牢树立做强做优做大国有资本和国有企业的信心与决心，保持战略定力，强化核心业务，增强企业竞争力、创新力、控制力、影响力和抗风险能力。

（二）**产业聚合价值**。立足自身改革发展已经积累的经验、基础和条件，围绕高端、高质、高效的产业发展方向，持续推进优势业务布局，更好发挥规模效应和集聚效应。秉持开放合作的战略理念，加强与国际经济的联系与互动，借助更大范围、更宽领域、更深层次的对外开放，发挥总部外引内联的独特优势，构建产业"朋友圈"，培养并强化产业聚合能力。

（三）**投资主导价值**。按照管好资本布局、规范资本运作、提高资本回报、维护资本安全的基本思路，增强总部"管资本"能力。坚持有所为有所不为，明确在不同行业、不同部门进行资源配置与投资组合的策略，全局把控存量业务和新增业务的投资比例，主业内不同业务或单元的投资比例，同一业务或单元内部的投资比例，不同区域市场的投资比例，境内与境外的投资比例等，实现有进有退，提升资本运作效率。

（四）**管理赋能价值**。通过深入开展与世界一流企业对标提升行动，与领先国有企业、知名跨国公司以及优秀民营企业对标对照，在公司治理、管理能力、激励机制和人才培养等方面

进行全方位多维度比较与分析，在学习借鉴、取长补短、互促互进中切实加强管理效能。进一步规范总部职能管理，持续优化、不断改进，努力把细节变成规范，把规范变成习惯。

（五）**共享服务价值**。发挥集团平台功能，明确集团总部相对于下属企业的优势领域和价值创造特长，研究集团内部各子公司生产经营和改革发展情况，切实了解基层情况，用总体思路指导基层工作，适时纠正基层工作偏差。把总部的优势做专做强，通过总部的竞争力为所属企业提供人、财、物的资源赋能及管理机制体系赋能，做好支持服务。

（六）**协同整合价值**。进一步加强总部的沟通协调功能，对内协同公司信用资源、资金资源、人力资源、供应资源、信息资源、数据资源、技术资源，服务核心业务价值创造；对外协同产业资源、市场资源、资本资源、政府资源，完善产业生态，提高资源配置效率，做到综合资源的协调共享和有效利用。

（七）**资金统筹价值**。实现财务资源总部集中配置，进行资金集中调度、预决算管理以及投资规模、成本、利润率管理等，关注关联交易、转移定价和合理避税等方面的安排。在做到国有资本保值增值的基础上，通过资金集中、现金分红管理、债务风险管理提高现金周转效率和使用效率，降低资本占用，进一步提升集团整体价值。

（八）**党建文化价值**。强有力的党建和企业文化是国企整体优势的重要维度。当前的国企改革正在倡导以制度建设实现治理效能转换，将国有企业党的领导全面融入公司治理。如何落实国企党建工作和提升党建质量，推进国企基层党建稳步发展，不断巩固深化和创新拓展党建工作，这些都是国企价值型总部肩负的使命和任务。同时，价值型总部还承担着建设国企企业文化的重任，需要建立支撑文化体系的制度与流程体系，确保企业文化理念得到贯彻与执行，使集团全体员工对于公司的目标和要求有清醒的认识，减少不必要的内耗（见图2）。

图2 某国企集团总部及控股上市公司定位

## 四、打造国企价值型总部的五大路径

结合"双百"和"综改"企业的咨询实践,我们的国企团队摸索出了一套解决国企总部组织顽疾的方法,并结合组织管理理论和国企资源能力的实际情况,提出了打造国企价值型总部的路径设想。在实际的咨询案例中,我们引导国企客户通过集团总部发挥战略引导、产业培育、统筹协调等作用,让子公司或业务单元层面充分贯彻集团总部战略意图、深耕行业发展,培育团结和谐文化;通过价值型总部的建设,提升国企组织竞争能力,展示良好的国企形象(见图3)。

(一)**强化党建引领,转变工作观念。**加强党的建设对企业组织的引领和支持作用,把党的建设和企业的生产运营结合起来,持续落实去机关化和去行政化的改革要求。集团公司党委做好舆论宣传和引导工作,积极宣传开展"总部机关化"问题专项整改工作的重大意义,广泛听取职工对具体工作的意见建议,开展基层员工、基层企业对总部整改成效评价工作,以适当方式向公司及社会公布进展及成效,为整改工作营造良好的

图 3　价值型总部建设五步法

内外部环境。改进文风会风，规范检查调研；转变工作方式，
强化服务意识；推行首问负责制、一次告知制、限时办结制、
责任追究制，转变行政化管理方式，增强总部价值创造、服务
支撑功能。

（二）**明确总部定位，打造价值平台。** 明确集团总部功能
定位，发挥顶层设计作用，从以"管控"为导向的角色向以"提
供附加价值"为导向的角色转变。通过做强总部、做精专业、
做实基层，形成集团上下层次清晰、分工明确、沟通顺畅、衔接
紧密的运行格局。集团总部按照不干预直属公司生产经营行为的
原则和边界，加强和突出战略管理的层次性。根据集团总部和下
属企业在战略中的不同地位，在业务和管理活动中的不同站位，
明确总部和下属企业组织定位。集团总部的定位多考虑平台功能
和协同效应，下属企业的定位多考虑产业发展和运营效益。

（三）**优化管控模式，规范公司治理。** 根据集团总部功能定
位以及集分权程度的不同，将下属企业按产业、职能、平台等
维度分类，结合外部环境、战略地位、企业发展阶段、行业特点、

治理能力、管理基础等维度，通过定性定量分析，采取不同管控模式因企施策、分类管理。按照治理管控为主的思路，制定完善党委（党组）会、董事会、总经理办公会决策事项清单，梳理职能权限、决策边界，制定规章制度修编清单，提升治理能力。利用数据化、信息化、智能化等分析工具，完善制度流程体系，切实增强集团管控力。

（四）优化机构设置，提升运作效率。坚持"小总部、大产业"原则，以价值创造为导向，突出总部"出政策、立规矩、定标准"的职责定位，对集团总部组织机构和职能进行优化调整，规范集团总部机构名称和职务称谓。探索推行"扁平化""大部门制""项目制"管理，整合集团总部中相关、相近、相似和交叉职责的部门，实现总部部门统筹协同运作，减少业务接口，提升运作效率。坚持"授权与监管相结合、放活与管好相统一"，厘清集团总部各职能或业务部门、集团总部与下属企业的权责边界，按照事前规范制度、事中加强监控、事后强化问责的思路，循序渐进、逐步推广、重点突破，制定完善的总部部门职责、总部授权放权事项清单，最终实现"谁经营、谁决策"。加大授权放权力度，将授权放权落实到各下属单位，防止和克服总部"一把抓"的现象，切实增强管理科学性、针对性、有效性，激发企业持续发展活力。

（五）创新考评机制，提升运作效率。充分尊重市场经济规律和企业发展规律，紧紧围绕激活力、提效率、促发展的要求，深化劳动、人事、分配三项制度改革，破除利益固化的藩篱，实现管理人员能上能下、员工能进能出、收入能增能减。将懂经营、善管理、职业素养高的优秀经营管理者充实进领导班子，发挥"鲶鱼效应"，带动提升集团领导人员整体市场化、专业化、职业化水平。立足出资关系和产权纽带履行出资人职责，动态完善考核评价体系，增强科学性、依法性和合规性。采取更加灵活多样、结合企业实际、契合行业特点、易于操作执行的激励约束手段与方法，培育具有反应灵敏、运行高效、富有生机特点的市场化经营机制。

总结：新时期价值型总部建设是新一轮国企改革进程中，组织建设不可规避的必然选择；华夏基石国企团队将聚焦价值型总部建设的三大核心，围绕价值型总部的八大价值，通过价值型总部建设的五大路径，助力国企大型集团推动价值型总部建设，为国企高质量发展提供组织支撑和组织保障。🔟

**▶ 作者简介**

**胡翔**

华夏基石产业服务集团合伙人、资深项目总监。曾服务于普华永道（伦敦）MCS 部门，任中英政府合作"国企重组及企业发展项目（SOERDE）"首席顾问，国际注册管理咨询师，国际项目管理PMP 认证，基金合规管理人。

**郑凯雯**

华夏基石产业服务集团高级咨询师，毕业于意大利博科尼大学国际管理专业。

# 组织效能评估与提升

组织效能评估模型的构建既要借鉴理论工具与外部优秀实践，更要能体现企业战略要求与自身特色。

■ 作者 | 杨青书　任翔　胡永建

**组织效能是衡量组织能力的最终标准。**德鲁克认为，组织效能是指尽可能充分利用可获得资源去实现目标的能力，是组织实现目标的能力以及基于能力实现的结果的结合。西肖尔则提出组织效能是衡量企业经营好坏的各种评价标准的综合。

**组织效能的价值，可以形象地比喻为晴雨表、体检机、报警器、导航仪。**

晴雨表：站在组织内部视角，从组织能力和组织效率出发，通过组织效能评估，可形成一套组织静态和动态监控评价指标体系，以量化数据方式，实现对组织运行效能的监测、评估和展示。

体检机：基于组织效能各项数据，从组织模式、人才队伍、制度流程、企业文化等视角分析挖掘影响或提升组织效能的关联因素，制定针对性措施。

报警器：通过系统评估组织运行和组织效能动态数据后，对组织资源配置效能数据，进行横向、纵向对比分析及关联指标配比分析，及时发现问题并做出预警。

导航仪：明确组织发展的方向，基于目标导向制定行动计划和路线，通过阶段性的审视和评估，主动调整、及时纠偏，确保组织发展目标有效落实。

## 一、经典的组织效能模型及企业最佳实践

### （一）戴维·尤里奇提出的 14 项组织能力指标。

美国密歇根大学罗斯商学院教授，被誉为"人力资源管理的开创者"的戴维·尤里奇认为，真正的 HR 转型是聚焦业务的，通过人力资源管理转型提升组织能力。组织能力代表了一个企业如何提供价值，既是投资者关注的无形资产，也是客户关注的公司品牌、员工行为。为了衡量、监控组织能力，尤里奇提出 14 项组织能力指标（见表 1）。

表 1　　　　　　　　　　　　尤里奇提出的 14 项组织能力指标

| 序号 | 维度 | 含义 | 衡量指标示例 |
|---|---|---|---|
| 1 | 战略一致性 | 表述和沟通战略观点，对目标、计划、行动达成共识 | 认知、流程、行为、指标的战略一致性 |
| 2 | 共同的思维模式 | 保持组织在客户和员工心中的积极形象，并使客户和员工从组织中获得良好的关系体验 | 品牌认知度、员工满意度 |
| 3 | 领导力 | 在整个组织范围内培养"领导者"，他们能够以正确的方式交付正确的结果——他们代表了我们的领导力品牌 | 后备储备比例 |
| 4 | 客户连接 | 与目标客户建立持久的信任关系 | 客户满意度 |
| 5 | 人才 | 吸引、激励和保留胜任且对企业具有认同度的员工，圈牢顶级人才 | 人均效能、员工敬业度 |
| 6 | 速度 | 让重要的变革快速启动 | 库存周转率、资金周转率、交货时间 |
| 7 | 问责制 | 制定有助于催生高绩效的规则 | 绩效推行比例、绩效反馈面谈比例 |
| 8 | 协同 | 跨越边界开展工作，包括专业、部门、组织内外部的边界 | 人才内部流动率、创意推广率、一体化方案提供情况 |
| 9 | 学习 | 产生有影响力的创意并在组织内进行推广 | 人均效能、员工敬业度 |
| 10 | 创新 | 实施创新，无论是在内容上还是在流程上 | 过去三年中的新产品/服务创造的收入（利润）百分比 |
| 11 | 精简化 | 保持战略、流程和产品的精简化 | 单项活动所占用的时间、单位成本 |
| 12 | 社会责任 | 为更广泛的公众利益作出贡献 | 社会声誉能够通过外部机构评比的企业声誉来衡量 |
| 13 | 风险 | 预测风险，管理风险 | 员工流失率提高、生产率下降 |
| 14 | 效率 | 有效管理运营成本 | 产品成本、劳动力成本、资金成本 |

### （二）斯坦利·西肖尔提出的组织效能评价标准模型。

斯坦利·西肖尔是现代管理学的大师之一，组织有效性评价标准的提出者。西肖尔提出，组织效能评估指标设置需考虑以下三个问题：一是长期目标实现程度；二是短期经营业绩；三是子指标所反映的当前经营效益状况，由此组成金字塔形的指标层次体系（见图 1）。

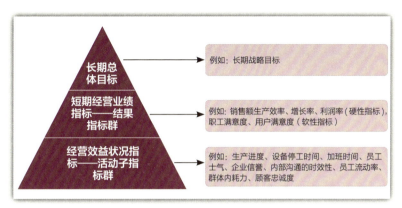

图 1　西肖尔组织效能评价标准模型

西肖尔的组织效能评价标准模型体现了短期与长期的平衡及指标层层分解的思路，值得借鉴。

### （三）麦肯锡提出的 7S 模型。

麦肯锡 7S 模型指出企业在发展过程中必须全面地考虑各方面的情况，包括结构、制度、氛围、员工、技能、战略、价值观。企业可通过以上 7 个角度对自身进行系统分析与诊断。

麦肯锡 7S 模型提出战略、结构和制度是企业成功经营的"硬件"，氛围、员工、技能和价值观是企业成功经营的"软件"，强调 "软件" 和 "硬件" 对于企业发展同样重要。

### （四）韦斯伯德提出的六盒模型。

美国的组织发展专家马文·韦斯伯德提出的六盒模型是从组织内部视角不断检视业务实现过程的利器。六盒模型的六个维度分别是目标、结构、关系、奖励、领导力、协同机制。通过六盒模型对业务进行诊断，帮助企业盘点现状、打开未来，利用六个盒子的框架分析业务及企业目标实现程度，促进团队对现状与问题达成共识。

### （五）京东 3E+2D 模型。

京东在组织诊断和发展方面形成较为成熟的方法论，即组织发展 3E 分析模型 + 组织诊断 2D 法。京东集团每两年会发起一次大规模的组织诊断项目，对整个组织进行系统性的问题梳理，检验组织能力的提升情况。通过诊断找到问题后，人资部门会辅助管理层针对诊断出来的问题进行探讨，并制订专项提升计划，就问题、目标和行动计划与管理层达成共识，并在实施过程中持续跟进、确保落地（见图2）。

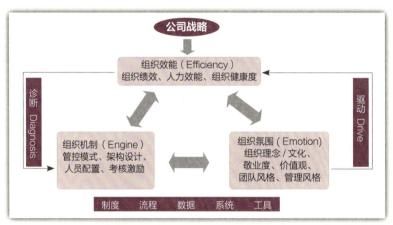

图2　京东组织效能 3E+2D 模型

### （六）中国移动卓越指标体系。

中国移动为了有效评估公司战略实施状况，及时发现和改进存在的不足，并为中国移动在从优秀迈向卓越的进程中提供方向指引和行动参照，将战略体系分解，识别出其中涉及的关键要素，最终形成卓越指标体系及卓越指标库（见表2）。

表2　　　　　　　　　　中国移动卓越指标体系

| 维度 | 评估指标 |
|---|---|
| 打造卓越运营体系 | 资本性支出比例、市场份额、利润率、税息折旧及摊销前利润（EBITDA）率、资产收益率（ROA）、离网率、每用户平均收入（ARPU） |
| 形成创新型增长模式 | 增值业务收入比例、净增用户数、研发投入比例 |
| 实施走出去战略 | 国际拓展实施进程、海外市场收入比例、海外用户比例 |
| 开创移动多媒体事业 | 移动媒体份额、移动生活份额 |
| 构建卓越组织 | 关键流程标准化程度、风险管理体系完善程度 |
| 培育卓越人才 | 员工培训时间 |
| 做优秀企业公民 | 社会责任指数 |

## 二、如何构建企业自己的组织效能评估模型？

组织效能评估模型的构建既要借鉴理论工具与外部优秀实

践，更要能体现企业战略要求与自身特色。模型构建一般包括三个阶段性步骤，分别是明确评估维度、构建通用模型、分类差异化建模。

**第一阶段，明确评估维度。**

首先，基于组织效能理论工具与外部优秀实践、企业发展战略等提取评估维度。这一阶段尽可能全面提炼组织效能评估指标，形成能力性、效率性、效益性等基本维度。其次，对指标进行分类与归纳，纳入一级评估维度，形成一级评估维度与二级评价指标构成的组织效能评估模型基本框架。

一级评估维度既可采取组织效能定义所包含的能力、效率、质量、效益四个维度，也可归纳为投入、过程、产出三个维度，确保一级维度"全面、无遗漏、相互独立"即可。

二级评价指标则要考虑短期与长期，定性与定量，财务与非财务，过程与结果之间的平衡，从类别上可以划分为 4 类：质量类、数量类、时间类、成本类。

**第二阶段，构建通用模型。**

按照"科学性、可比性、独立性、可控性、可操作性、目标导向"等原则对第一阶段形成的指标进行筛选，明确指标评价方式和评价标准，形成通用组织效能评估模型。

**1.指标筛选原则**

▷ 科学性，即要求组织效能评估模型必须反映所属单位发展、运行的规律与特征。

▷ 可比性，即评估指标应当达到同类型当中不同单位间横向可比以及同一单位不同时间段的纵向可比。

▷ 独立性，即各指标评价内容相互独立且不重复。

▷ 可控性，即指标能够通过主观努力达成或不断提升。

▷ 可操作性，即指标的评价数据是可获取且可衡量的。

▷ 目标导向，即指标应切实反映集团战略管控要求和单位经营管理质量。

## 2. 明确评价方式

指标评价方式包括量化型、评价型两种方式。量化型指标基于数据进行客观量化计分，评价型指标采取专家会议法，通过访谈、问卷、资料分析、标杆对照等方式进行综合评价计分，以保证指标评价的客观性和公正性。

量化型指标的评价通过明确指标的计算方式，基于指标数据计算得分情况，常见的指标衡量方法包括达标法、线性法、赋值法、扣分法等。如某集团对所属企业"营业收入"指标评价时，标准主要根据在集团内排名确定（见表3）。

表3 某集团所属企业"营业收入"指标评价及标准

| 指标名称 | 指标类型 | 计算方式 | 评分标准 |
|---|---|---|---|
| 营业收入 | 量化型 | 近三年营业收入算术平均值 | 优秀（4分）：集团内同类单位排名前20%；<br>良好（3分）：集团内同类单位排名前21%~40%；<br>一般（2分）：集团内同类单位排名前41%~60%；<br>待改进（1分）：集团内同类单位排名低于60%。 |

评价型指标采用量表评估和调研评估两种方式。量表评估指设计一套评估模型，根据实际情况填写相应指标数据，根据模型综合得出评估分值，通常用于存在客观数据，需要整合多维度数据综合评估得出结果的情况。调研评估则用于不易获取客观数据，需主观评价的情形，通常以资料分析、员工深度访谈、结构化问卷调查等方式了解实际情况，通过专家会议法进行评估得出结果。如某国有企业对机制完备性这一指标设计如下评价标准（见表4）。

表4 某国有企业机制完备性评价标准

| 指标名称 | 指标类型 | 指标含义 | 评分标准 |
|---|---|---|---|
| 机制完备性 | 评价型 | 评估三项制度改革相关政策机制是否健全，落地执行是否到位 | 具备完善三项制度改革相关制度文件，能够按制度开展日常管理，并定期跟踪执行情况，从结果上实现了"薪酬能增能减、职位能高能低、人员能进能出"，人才队伍活力足，积极性高。<br>优秀（4分）：基本符合<br>良好（3分）：多数符合<br>一般（2分）：少数符合<br>待改进（1分）：基本不符合 |

### 3. 明确评价标准

评价指标需通过和自身比、和目标要求比、和企业内部不同单位平均水平比、和外部对标企业比四个维度设置相应的评分标准。根据不同评价指标的属性，选择适合的方式设置标准。

和自身比：主要目的是衡量成长性，评估潜力。通过三年历史数据对比，按超过自身历史水平的不同程度进行评价，鼓励所属单位 / 部门不断超越。

和目标要求比：主要目的是检视目标达成率，对标找差。通过与企业设定的目标要求对比，评价该项工作的完成情况，找到差距，促进后续持续改进，达成企业期望。

和企业内部不同单位平均水平比：主要目的是激励先进，借鉴经验。通过与企业内部平均水平对比，明确该项工作完成情况在同类单位中的对比情况，以有针对性地提升经营能力。

和外部对标企业比：主要目的是对标一流，寻找差距。通过与外部对标企业对比，明确该项工作完成情况在行业同类企业中所处的位置，从外部视角为运营改善提供相关依据。

### 4. 明确指标权重

每项指标应设置相应权重，在通用组织效能评估模型基础上，企业不同类别单位 / 部门的指标权重应进行差异化设置。从不同功能来看，前台事业部、业务部门等应加大效益类维度权重，中后台部门应加大投入类、过程运营类维度权重；从不同发展阶段来看，初创期、成长期单位应加大投入类、过程运营类维度权重，成熟期单位应加大效益类维度权重。

**第三阶段，分类差异化建模。**

在基本模型确定后，将企业所属单位 / 部门进行分类，确保评估模型针对性更强。首先按照功能定位、商业模式、业务性质等，将所属分、子公司进行分类；其次根据企业生命周期理论明确发展阶段，包括初创期、成长期、成熟期、转型期、衰退期等。各所属单位 / 部门的评估维度、指标及权重等根据经营重点与发展要求差异化设置，最终形成企业"通用 + 分类"的组织效能评估模型。

### 三、组织效能评估实施应用的五个阶段

组织效能评估模型搭建完成后组织开展评估工作，分为数据收集、指标评价、分析汇总、成果展示、探索应用五个阶段。

（一）**数据收集阶段**。针对量化型指标，可提前设计数据收集模板，组织各单位上报相关数据。针对评价型指标，部分指标通过设计好的量表收集相关数据，其他指标通过访谈、问卷、资料分析等方式收集相关资料。

（二）**指标评价阶段**。量化型指标根据收集数据计算相应得分。评价型指标采取量表法或专家会议法得出最终分数。

（三）**分析汇总阶段**。根据不同单位分类适用的指标及相应的权重计算各单位的最终评估结果。

（四）**成果展示阶段**。通过仪表盘、雷达图等方式显性化展示评估结果，分维度开展分析，科学定位、评估组织经营管理质量和发展潜力，为企业资源配置决策提供依据；同时给出组织后期优化改进意见，帮助提升效能，促进业务持续高效发展（见图3）。

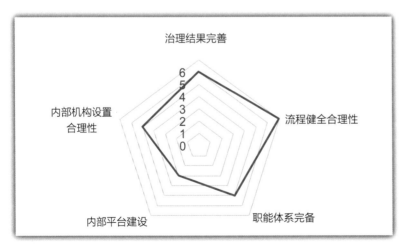

图3　组织效能评估雷达图示例

（五）**探索应用阶段**。组织效能评估应用领域较多，可根据评估目的、应用范围、问题紧迫性、变革难度等因素综合考量，进行选择性应用，包括但不限于战略梳理、组织机构调整、业务流程再造、制度优化、编制管理等。依据组织效能评估结果制订组织变革计划，既可以局部调整，重点突破，也可以从上到下系统布局，全面推进。

需要提醒的是，企业在导入组织效能管理之初，可从以下三个方面，将组织效能理念贯彻落实到日常经营管理过程中，通过试点快速取得突破，用组织效能管理体系，切实提升组织能力。

第一，建立体系，系统思考：针对企业经营管理现状，形成关于组织效能理念、组织效能模型、组织效能评价指标体系、组织效能对标管理思路、组织效能专项提升方案等维度的系统思考，形成组织效能管理体系；

第二，试点突破，速赢见效：在企业内部选取试点部门，开展组织效能评估—组织效能提升专项建议—行动方案任务落地等具体工作；

第三，专项成果，总结经验：针对试点部门评估结果，形成专项成果，包括验证优化后的效能评估模型、效能管理体系等，并组织试点部门形成改进提升专项报告。

总之，组织能力评估不是目标，目的是持续提升组织效能。人力资源从业者应高度重视并构建起整体的、宏观的管理视角，通过组织效能模型构建、评估、应用、提升等闭环管理的方式促进企业战略目标落地，帮助企业实现持续发展。🆔

注：本文作者分别为南瑞集团人力资源部（党委组织部）劳动组织处职员、劳动组织处处长和副主任。

# 阅读

## CHINA STONE ▶▶

没有选择，做正确的事就是一种偶然。

——黄卫伟

# 思想要升维，做事要降维

## ——一堂管理课带来的感悟

■ 作者 | 邵来民

**企业像一个生物体**

苗兆光老师的《事业部制的组织治理》讲座是及时雨，我本人通过这一天半的学习收获很大。以前我也听过很多讲座，看过很多文章，但大部分讲座和文章知识结构庞大，一大堆新概念、新名词，越听越糊涂，越听越找不到自我。但苗老师的讲座深入浅出，直指人心，给人以启迪、智慧。这让我联想到文学大师朱自清，他写《背影》《春》，文字通俗易懂，但却让人百读不厌；建筑大师贝聿铭，他设计的卢浮宫前的几何形玻璃造型，简约而现代，但却让人过目不忘……

我们正大机电是以工程师为班底的管理团队，听到这堂管理大课，无异于接受了一场商业逻辑和商业文明的洗礼。

企业没有成功，只有成长。我们在正大机电的所有努力，就是追求企业的成长、发展，我们的劳动回报都是从企业的发展中取得的。我们制定的五年发展规划，就是为企业持续成长绘制的蓝图，企业发展了，平台就大了，投资人的资金回报增加的同时，我们的劳动回报也多了。

所以还是那句话，发展是硬道理，邓小平说的千真万确。

从这个角度来看正大机电新五年规划成效显著。通过前七年的奋斗，从 2014 年 1 亿元营收到 2021 年 25 亿元的营收，这应该说是一个很大的成长。但是放在整个行业，放在中国社会经济发展的大背景下来看，我们还是微不足道的。怎样继续快速地成长，我也在不断地思考中。

企业就像一个生物体，领导也有能力的天花板。苗老师在案例中说到，美的公司发展到营收 20 亿元的时候，何享健董事长觉得仅凭他自己的能力，已经无法再去驱动这个企业发展了，他就设想，1 个人的领导力可以驱动 20 个亿，如果把公司业务分成 5 个事业部，5 个事业部都达到营收 20 亿元的时候，那不就是 100 亿元了嘛。这个是有道理的。

我也观察到，任何生物体，只有松散才能成长。按照这个生物体逻辑，我们在新五年发展规划中，把原来集中管理的业务分成各个事业部（BU）。最开始设计这些事业部时，在我的脑子里还不是一个个完整的事业部，我们说的事业部大部分还只是一个业务部，因为这些部门的负责人，能力上还不能承担一个事业部的全部职责，相对健全一些的是饲料装备事业部，但和功能完整的"事业部"还有很大差距。怎么样把业务部发展成真正的事业部，那就要看我们每项业务的发展了。

关于总部的功能，正大机电总部的功能就是要关注长期性、整体性和适配性。我和赵博士策划五年战略时，已考虑到长期性和适配性，但是整体性还没考虑透彻，即如何让拆分后的合力大于原来 1+1 的简单组合。这个问题需要正大机电总部、机电事业执委会认真考虑。

### 高管的三大使命

**高管的三大使命：使企业有发展、使组织有效率、使员工有前途。**我想这是我们管理团队应该时刻牢记的。关于每个事业部的四大责任，即利润责任、市场责任、人才责任、资产责任。其中利润责任和市场责任，用华为的话讲就是"多打粮食，增加土地肥力"，各位主管要充分地理解这句话，并且结合正大机电的组织变革进行深入的思考。

这里我特别强调一下，事业部的各位主管一定要首先调整自己的思考模式和行为模式，用华为的话讲，就是要"三砍"。

"高层砍手脚"，战略定了以后，既然已经建立了平台，由前线去打仗，高层的手脚要适度的收缩。

"中层砍屁股"，也就是说中层不能完全站在本位主义的角度去考虑问题，而是要站在全局的角度看问题。所谓的中层实际就是各个业务部的主管，他们都应该在执委会里，等于也是高层的一部分，所以要砍掉中层的本位主义。

"基层砍脑袋"，就是基层员工不要想得太多，公司有了决策就要去执行，执行以后遇到挫折你再想，没有遇到挫折就不要动脑筋去想着变通，而是先坚定不移地执行。

## 管理的五个理念

对企业管理底层逻辑，我思考得比较多，学的也比较多。春节这几天，我把积累的一些片段思考、个别经验进行了系统梳理，总结出五个核心的理念，分享给大家。

第一，"政在得人"。"政在得人，人得则政举"，要想把一个企业做好，一定要注重人才，要选一批才德学识兼备的人才。我们这个事业能不能做大，目标能不能实现，百分之七八十的因素就在于我们每个人，如果我们这些人行，正大机电新五年的战略目标都会实现。

第二，"形成于思"。每一个人、每一位主管，包括我自己，都要完成对事业、对组织、对人生的深度思考。要用战略思维、逻辑思维、辩证思维、系统思维、结构思维、逆向思维、批判思维、创新思维、闭环思维、形象思维进行思考，思考方式越全面，做人做事的成功概率越高。

第三，"功在得法"。有了思考，然后去行动，能不能取得成功就在于法。我们在行动过程当中，比方说销售、生产、研发、人事、财务等这些职能部门，都要有自己的方法论。计划、组织、用人、指导、控制各个方面都需要一些方法，如果这些方法得当，就会成功。

第四，"自胜者强"。这是《孙子兵法》里的命题。每一个人都要完成对自己的革命。组织里不允许有人停滞不前，一定要不断地战胜自己。我推荐给大家的《打胜仗》这本书里也谈到，打一次胜仗其实意味着要打两次仗。首先是思想上的胜仗，只有思想上胜利以后，你才能在实践行动中取得胜利。

第五，"利他者久"。你要想成功，一定要利他，才能取得长久的成功。因为利他，担负了社会责任，涵养了产业链的生态，你的企业才能有口碑，才能有品牌，才能有市场，才能有长久的利益。

管理是一种实践，不在于知，而在于行，还要靠大家的行动，无论战略也好，组织也好，没有最好，只有更合适。管理学习不止于听一堂课、看一本书，而是要把学习的理念知识与实践相结合，完成深度思考，继而去修正、去完善我们的战略和战术。我们在行动中不要被现有的组织所束缚，因为组织和战略都是动态的。所以我强调每季度都要有一个战略纠偏会议和组织体检会议，来不断地调整。

思想要升维，行动要降维，希望每个人都能站在机电事业的高度去思考，立足于本职岗位的现状去行动。

注：本文系正大投资股份有限公司首席建设官、正大机电企业董事长邵来民在正大机电组织变革培训会上的总结发言。

# 向植物学习

■ 作者｜朱岩梅

意大利生物学家斯特凡诺·曼库索的《失敬，植物先生》
是一本科普书，但可不是一般的科普书。一般的书，只能提供
知识，这本书却可以启发智慧。这样的科普书少之又少，可以
用"惊艳"来形容。

可以想象一下，身处千变万化、危机四伏的环境，鸟兽昆
虫可以用奔跑、飞翔、爬行来逃离危险，而植物一动也不能动，
生存会多么艰难。

这让我想起亚马逊创始人贝佐斯说过，他经常被问及一个
问题："未来十年，会有什么样的变化？"但很少被问及："未
来十年，什么是不变的？"而第二个问题比第一个问题更重要。

问第一个问题的人，是动物思维；而问第二个问题的人，
是植物思维。

在十亿年前到四亿年前的演化过程中，为了获取生存所需
的营养，为了对抗温度和土壤的变化，动物选择了移动，而植
物选择了截然不同的生存策略：动物排放二氧化碳，植物吸收
二氧化碳；动物消耗，植物生存；动物动，植物静；动物快，
植物慢。

遇到危险，动物可以逃避，而植物无法逃跑，只能直面问题，
解决问题。

要解决这个难题，植物必须不能有明显的弱点。如果植物
有大脑、心脏、肾脏、眼睛、鼻子等，那么天敌攻击任意一个
致命弱点，就会损害整个生命体系，所以植物不能有这些器官。
植物采取的策略居然和《孙子兵法》中的观点不谋而合：善战者，

先为不可胜，以待敌之可胜。不可胜在己，可胜在敌。

**当动物通过"动"逃避环境变化时，植物却在调整自身，以适应和应对环境变化。**植物发展出了一套敏锐的感觉系统，可以精确地感知多种物理、化学参数，比如，光、重力、矿物质、湿度、温度、土壤结构和成分、大气压力和成分等。植物不停地调整自身，总会以最佳的方式解决问题。

虽然植物无耳朵、眼睛、鼻子，但它仍然能听、看、辨别味道，甚至有记忆能力，只是植物把动物集中在特定器官上的功能分布到了全身，用全身听，全身看，全身呼吸。

植物要分散这些功能，就需要有个分散化的结构，与动物的集中化机构截然不同。

动物拥有核心器官（如脑、心脏），而植物将功能分散至各处，动物像中心化组织，而植物更像去中心化组织。**任何有指挥中枢的组织，本质上都是脆弱的。**而"反脆弱"的重要办法，就是去中心化。凯文·凯利在《失控》中提及的蜂群效应，更贴近植物的分散式、模块化、去中心化结构。

植物的结构主要被分为根、茎、叶、花、果实和种子六个部分。模块之间相互协作、功能分散、无指挥中枢。这种结构可以抵御很多毁灭性打击，包括被砍枝、被虫蛀、被移栽、冬天落叶等。为充分利用阳光，充分吸收水分和营养，植物生长出精密的根系、繁茂的枝叶，不断向上伸展，向下探索；为了生存繁衍，还要学习利用阳光、雨水、风，学会和动物昆虫结盟，不仅和同类植物进行沟通，还要和异类植物共生。

互联网结构的构建方式，和植物根系结构的构建方式极为相似。这样的结构，实现了稳定性和灵活性的完美结合，其反脆弱性、抗风险性、韧性和适应性，非常值得企业等组织借鉴和学习。

集中化，就会加剧官僚主义。任何一个中心化决策的组织，看似高效，都不可避免地走向僵化和终结。未来的组织，一定是像植物那样，扎根土壤，分散组织，让决策权分散到组织各个细胞，让金字塔组织变成网络化组织。

弗雷德里克·莱卢的《重塑组织》一书，提出"青色组织"这一革命性的新型管理模式。其运行的前提是，将组织视为一个复杂的自适应系统，而非机器。这种去中心化、少层级化的青色组织，就更像植物一样，成员之间更倾向于合作、共生。正如在自然界中，分散、没有控制中枢的生物组织，往往更高效，群体决策往往比少数个体决策要更好。

我们正处于变革和创新的时代，需要更多人的智慧参与，共同寻找问题的解决方案。无论是企业还是人，都应该向植物学习。📖

注：本文选自微信公众号"管理进化论"。

# 没有选择，做正确的事就是一种偶然

■ 作者｜黄卫伟

　　吉姆·柯林斯（Jim Collins）和莫滕·T. 汉森（Morten T. Hansen）在他们合著的《选择卓越》一书中，将美国安进公司（Amgen）的药品研发模式概括为：先发射"子弹"，后发射"炮弹"。

　　安进公司成立于 1981 年，直到 1988 年，公司规模还很小，员工仅 479 人，没有任何产品上市。1989 年 6 月，安进公司的第一个产品重组人红细胞生成素（Erythropoietin，以下简称 EPO）终于获得美国食品和药品监督管理局（以下简称 FDA）批准，用于治疗慢性肾功能衰竭引起的贫血和 HIV（艾滋病病毒）感染引起的贫血。1991 年 2 月，公司第二个产品重组粒细胞集落刺激因子（Filgrastim，以下简称 G-CSF）获得美国 FDA 批准，其适应证为肿瘤化疗引起的嗜中性白细胞减少症。

　　安进公司的这两个全球商业化最为成功的生物技术药物 EPO（商品名 EPOGEN）和 G-CSF（商品名 NEUPOGEN），不仅造福了无数血液透析患者和癌症化疗患者，也为公司带来了快速的增长和巨额的利润。1992 年，安进公司首次跻身《财富》世界 500 强。

　　那么，安进公司的 EPO 是怎么开发出来的呢？它是从安进公司最初"进行了几乎所有的尝试"中自然涌现出来的，是公司发射的大量"子弹"中的一颗，这些大量的"子弹"主要包括：①白细胞干扰素，用于病毒性疾病；②乙型肝炎疫苗；

③表皮生长因子，用于创伤愈合和胃溃疡；④免疫测定，提升医疗诊断试验的准确度；⑤杂交探针，用于癌症、传染病和遗传紊乱的诊断；⑥促红细胞生成素，用于治疗慢性肾病的贫血症；⑦鸡生长激素，更好地促进鸡的生长发育；⑧牛生长激素，以获得更多的牛奶；⑨生长激素释放因子；⑩猪细小病毒疫苗，以提高猪的繁殖率；⑪传染性胃肠炎病毒疫苗，用于防治猪仔的肠道感染；⑫生物工程合成靛蓝，用于印染牛仔裤。（资料来自柯林斯、汉森合著《选择卓越》。——作者注）

1984 年，促红细胞生成素开始崭露头角。安进公司划拨了更多的"火药"进行临床试验，验证效力，并确保专利不被侵犯。接下来，在完成科学研究和市场评估（美国当时有 20 万肾病患者）之后，安进公司发射了一枚"炮弹"，建立了测试设施，安排资本进行生产，并成立了一个启动团队，促红细胞生成素成为历史上首个"超级炸弹"式的生物工程产品。

安进公司早年的发展史表明了应对不确定性的一种关键模式：先发射"子弹"，后发射"炮弹"。在技术和商业前景不确定的时候，在可能的方向和技术路径上先发射"子弹"，即使打不中，损失的不过是几颗"子弹"，而一旦击中目标，接着就是集中资源，发射"炮弹"，一举赢得商业成功。

巧的是，华为公司总裁任正非的观点与柯林斯的观点不谋而合。

任正非曾在华为年度市场大会上讲："对于未知领域，我们推行'先开一枪，再开一炮'的探索模式。在尖端领域，我们要多路径、多梯次、多场景地规划产品，要在目标清晰后，敢于汇聚多路力量，扑上去，撕开它，纵向发展，横向扩张。"（任正非：在 2018 年市场大会的讲话。——作者注）

其实，这种对不确定的尖端领域采取多路径、多梯次、多场景的研究策略，是华为公司一贯的研究管理方针。任正非就曾多次强调反对用押宝的方式开展未知领域的研究，他说："既然我们确定了大军滚滚向前的方向，就要把实现目标的多重机会都当成对目标进攻的多种方式。不能只赌一种机会，那是小公司资金不够的做法。我们是大公司，有足够的资金支持，要敢于投资，在研究与创新阶段可从多个进攻路径和多种技术方案、多梯次地向目标进攻。在主航道里用多种方式划船，这不是多元化投资，不叫背离主航道。现在的世界变化太快，别赌博，只赌一条路的公司都很难成功。因为一旦战略方向错误，损失就会巨大。"（任正非：在固网产业趋势及进展汇报会上的讲话，2015。——作者注）

对于大企业要不要进行基础研究，怎么进行基础研究，西蒙的观点是："公司内的实验单位一般很少提供新产品的基础性发现，更多时候是充当产生新产品观念的学术界与其他学科之间的联系纽带。它的任务就是观察学术界，并与之保持沟通，注意学术界提供的机会并将其进一步发展。"

尽管大企业积累了大量的知识，但仅凭企业自身积累的知识是很难做出颠覆性创新的。颠覆性创新首先要有颠覆性发现和颠覆性理论，哪怕只是颠覆性假设和思想。这些颠覆性的思想和理论大量地存在于学术界。所以从这个意义上说，公司的基础性研究，主要是与学术界的前沿科学家保持沟通，密切关注学术界的最新研究进展，并在自己的实验室里探索其产品化和商业化途径。

华为深知仅凭企业一己之力进行基础研究的有限性，但走到行业的领先地位又必须有基础研究作为产品开发的支撑。所以，华为确定了自身对大学和研究机构开发方的资助战略。任正非指出："我们除了在市场战线要获得成功外，在技术战线我们也要有所作为。我们每年除了给开发拨付 80 亿~90 亿美元的开发经费，还将给研究每年超过 30 亿美元的经费。我们为什么要延伸到基础研究领域？因为这个时代发展太快了，网络进步的恐怖式发展，使我们不能按过去科学家发表论文，我们理解后去做工程实验，然后开发产品，这样缓慢的道路。我们现在就要选择在科学家探索研究的时候，就去思考如何工程化的问题。我们不仅要使自己数十个能力中心的科学家和工程师努力探索，不怕失败，而且要越过工卡文化，大量支持全球同方向的科学家。我们的投资是不具狭义目的的。正如我在白俄罗斯科学院所说的，我们支持科学家是无私的，投资并不占有他的论文，不占有他的专利、他的成果，我们只需要有知晓权。不光是成功的，包括他失败过程的知晓权。像灯塔一样，你可以照亮我，也可以照亮别人，而且灯塔是你的，完全不影响你产业化。"（任正非：华为公司总裁办电邮讲话〔2016〕93 号。——作者注）

本文选自黄卫伟教授新著《管理政策：矛盾、辩证法与实践》

书　　　名：《管理政策：矛盾、辩证法与实践》
作　　　者：黄卫伟
出 版 社：中信出版社
出版时间：2022 年 6 月

# 华夏基石图书推荐

## 华夏基石管理评论精选集

### 本土经营实践  本土管理智慧结晶

　　本精选集系列分为四个篇章："洞见篇"，提升认知、创新思维、研判环境；"方法篇"，是华夏基石在上千家企业咨询案例中提炼出来的底层逻辑与一般原理；"研讨篇"，实践永远是鲜活的，理论的灵魂也在于一个"活"字，"研讨篇"在于激活思考、民主讨论、群体智慧，用思想启发思想，以观点激发观点；"案例篇"，精选标杆企业的优秀实践。

## 味有道

### DDC 问道隐形冠军

　　本书围绕"大帝汉克走到今天靠什么？未来问道隐形冠军如何进行传承与创新？"这两个核心命题，对企业 30 年的实践进行了体系化梳理与高度提炼，初步完成了大帝汉克理论化的系统思考，揭示出大帝汉克走到今天的"道"，并且提出了大帝汉克迈向未来的问题与挑战，这些构成了《味有道》一书的主要内容。

所有书籍可扫码进入华夏基石图书商城购买

## 战胜内卷

### 突破增长 实现跃迁

　　本书作者拨开企业经营管理的现象迷雾，紧紧抓住战略、组织及人才这三方面的本质问题，以"迈过成长之坎，建设系统能力，谋求持续有效成长"为主旨，给出了具有操作性的建议。

## 长期价值主义

### 数智时代的赢家思维

　　每一位志在高远的企业家，用理想观照当下时，都应该基于长期价值主义，完成对企业的系统思考与顶层设计，制定并建设包括企业战略定位、价值观、激励机制、干部队伍等在内的企业的成长大厦。

# 北京华夏基石企业管理咨询集团

## 为客户创造价值　与客户共同成长

# 基于本土企业标杆案例的原创经典咨询模块

## 顶层设计与企业文化建设

　　"顶层设计与企业文化建设"是华夏基石的原创品牌咨询项目，以《华为基本法》为代表，出品了多项原创研究型咨询成果。如《华为基本法》《华侨城宪章》《美的文化纲领》《联想文化研究》等。

### 顶层设计与企业文化建设解决什么问题？

▶ 解决企业的使命、愿景等团队长期奋斗的终极动力源泉问题

▶ 界定企业的事业领域与成长方式

▶ 帮助企业家及高层领导团队完成面向未来的系统思考，实现自我超越

▶ 帮助企业家及高层领导团队达成文化与战略共识，构建基于文化价值观的领导力

▶ 完成企业战略成功的关键驱动要素与资源配置原则

▶ 完成企业的组织与人才机制设计等

▶ 依此构建企业管理体系大厦及面向未来的发展之道

## 企业变革与组织能力建设

　　帮助企业打造组织能力，尊重组织理性与群体智慧，帮助企业建机制、建制度、建流程，构建规范化的管理体系，构建高效的运营管理体系。

### 企业变革与组织能力建设解决方案

▶ **组织能力建设六大要素**

要素一：打造基于共同价值观的团队领导力

要素二：聚合组织资源与优化组织结构

要素三：加快组织能力的积累与迭代

要素四：加强组织协同与一体化运营

要素五：构建组织理性与价值管理

要素六：突破组织滞障，持续激活组织

▶ **企业持续成功的组织能力建设**

组织能力建设的四个核心抓手：人才梯队、管理机制、组织体系、企业文化（从任何一个抓手切入均可构建组织能力）

组织能力在整体经营框架中的作用

▶ **基于增长的战略转型与组织发展**

增长是一切经营管理的原点，基于增长的战略转型与组织发展解决方案